HARRY HOUDINI

HARRY HOUDINI

por Juan Pablo Morales Anguiano

Grupo Editorial Tomo, S.A. de C.V.
Nicolás San Juan 1043
03100 México, D.F.

1a. edición, marzo 2004.
2a. edición, mayo 2005.

Nicolás San Juan 1043, Col. Del Valle
03100 México, D.F.
Tels. 5575-6615, 5575-8701 y 5575-0186
Fax. 5575-6695
http://www.grupotomo.com.mx
ISBN: 970-666-920-5
Miembro de la Cámara Nacional
de la Industria Editorial No 2961

Proyecto: Juan Pablo Morales Anguiano
Diseño de Portada: Trilce Romero
Formación Tipográfica: Servicios Editoriales Aguirre, S.C.
Supervisor de producción: Leonardo Figueroa

Impreso en México - *Printed in Mexico*

Contenido

Prólogo

Harry Houdini es un icono de misterio y peligro, su legado artístico sigue motivando a muchos hombres y mujeres en el mundo, a dedicar su vida al estudio de la más bella de las artes, la magia. Su niñez estuvo plagada de carencias y dificultades, pero lo salvaba de aquel difícil panorama el enorme amor de su madre. Su padre fue un religioso judío, el cual carecía de un trabajo estable y arrastraba a su familia de una ciudad a otra.

Esta situación hizo al pequeño Erich Weiss (su nombre real) abandonar su casa en busca de un mejor futuro para su madre y hermanos. Este sentimiento se mantuvo hasta el último de sus días, su madre siempre fue su mayor preocupación y hacía cualquier cosa con tal de verla contenta. Durante su juventud encontró el amor en brazos de una cantante y bailarina de nombre Bess Rahner, con quien se casó de manera furtiva.

En estas páginas encontrará muchas aventuras y un gran amor a su profesión, su esposa y familia por parte del llamado "Rey de las esposas"; su amor era también por su prójimo, en varias ocasiones ayudó a quienes se veían en dificultades, muchos de ellos, colegas que por azares del destino habían caído en desgracia. Houdini fue un hombre motivado por la superación de sí mismo, con la firme convicción de rebasar sus propios límites. Su mente trabajaba veinticuatro horas continuas para mejorar su espectáculo y ofrecer nuevas emociones al público.

Era un gran publicista y marcó el camino que muchos de sus competidores intentaron, aunque sin éxito, seguir.

Su trabajo creó muchas enemistades y competidores, quienes hacían hasta lo imposible para tratar de disminuir su éxito. Sus hazañas públicas dejaron huella en el espectáculo mundial, además de que su valentía dejó un récord en *la historia,* pues fue el primer hombre en realizar un vuelo sustentado en Australia.

Así pues, amable lector, le invito a comenzar su lectura sobre la vida del humilde hijo de un rabino que se convirtió en Rey, que de lustrador de calzado ascendió al firmamento artístico del mundo, dejando su nombre escrito en letras doradas: Harry Houdini, "Rey de las esposas y las cárceles."

El Autor

Harry Houdini.

1

Erich Weiss

Hungría

Mayer Samuel Weiss, hijo de un rabino judío, llegó a Budapest procedente de Grosskaniza con la firme idea de convertirse en abogado, así que se presentó ante las autoridades educativas para realizar su examen, pero éstas le notificaron que le faltaban créditos académicos, por lo que su ideal se esfumaba en un montón de sueños rotos, así que se convirtió en maestro de religión. Samuel nunca prosiguió sus estudios en derecho civil, dedicó cada día de su vida al Torá.

Samuel encontró el amor en brazos de la hermana menor de una importante cantante de ópera de nombre Rosa Czillag, y se casó con ella en 1863, pero tras el parto de su primer hijo, Armin, ella falleció; él había quedado a cargo de un hijo y estaba destrozado. Un año después, el amor volvió a tocar su puerta, esta vez había puesto los ojos en una hermosa mujer de veintidós años de edad; su nombre era Cecilia Steiner, pero un amigo de él se había acercado para pedirle que hablara en su nombre con la familia de aquella muchacha, ya que era muy tímido y Samuel conocía bien a los Steiner.

Así que el aprendiz de celestino fue a casa de la familia y habló con Cecilia, pero se dio cuenta que sus palabras no iban dirigidas en nombre de su amigo, sino en el suyo propio; esto cautivó a la jovencita, aquellas palabras habían logrado tocar las fibras más íntimas de su corazón. El hecho le resultó demasiado, su conciencia le reclamaba cada minuto desde que salió de la casa de su amada, *además,* él era 13 años mayor, viudo, con un hijo, sus ingresos no eran altos y la *posibilidad* de incrementarlos sustancialmente era prácticamente nula, por lo que la oportunidad de que ella lo considerara para convertirse en su esposa, era inconcebible.

Pero la muchacha había acogido en su alma las palabras de Samuel, así que lo animó a que se acercara a su familia y les expusiera su petición para desposarla. Los padres conocían y querían a aquel hombre, así que aceptaron; sólo un pretencioso tío de la joven protestó por aquella unión, pero nadie le prestó atención, así que en mayo 27 de 1864, Samuel y Cecilia contrajeron nupcias. Aquel matrimonio era feliz, con limitados recursos pero muy feliz, y a esta felicidad se le unió la dicha de la noticia de su primer hijo. Los Weiss estaban felices, el nacimiento de su primogénito era lo mejor que les podía pasar, pero esta noticia no duró mucho tiempo, ya que el niño falleció.

Cuatro años más tarde, nació William, y dos años después nació Nathan, pero el niño que nos importa y por el cual se escribe este libro, es el que fue registrado como Erich Weiss, como lo detalla el registro Pezti Israelita de Hitkozseg, en el cual se declara que el niño es hijo legítimo de Samuel y Cecilia. Su nacimiento se produjo en la casa de éstos, en Rakos arok gasse número 1, en marzo 24 de 1874, y su circuncisión fue llevada a cabo una semana más tarde I. L. Schill.

Poco tiempo después, Samuel abandonó Budapest debido a que un hombre de muy buena posición económica lo insultó a él y a su religión, por lo que tuvieron que batirse en duelo, así que tras haber escogido las armas, los padrinos prepararon a sus contendientes y el duelo se realizó;

la suerte estuvo del lado de Samuel, pero sólo durante el combate, ya que al terminar éste, la familia del finado comenzó a buscar al vencedor, así que para no poner en peligro a su familia, se marchó de la ciudad con destino a Londres, para de allí embarcarse a los Estados Unidos de Norteamérica, donde su familia, incluyendo su madre, se reuniría con él.

Los Weiss llegaron a la pequeña población de Appleton. No había sinagoga en ese lugar, fue construida hasta la primavera, así que Samuel consiguió trabajo en ella. Ahora era el rabino y gozaba de un salario de 750 dólares al año. La huida de su país había roto el esquema de vida del teólogo, ahora vivía en el medio oeste, post guerra civil, y la vida sin duda le resultaba bastante difícil, no podía hablar inglés, sólo hablaba alemán, húngaro y hebreo, y por más que se empeñaba en aprender el idioma de su nuevo país, no podía lograrlo y terminó por abandonar la idea.

Cecilia, la esposa del Rabino Weiss.

Una infancia difícil

Erich era un niño sumamente peculiar, su madre decía que cuando era un bebé, nunca lloraba y cuando amenazaba con hacerlo, tan sólo lo levantaba y era suficiente para ahuyentar las amenazadoras lágrimas del pequeño. No era como el resto de los niños que dormían largas siestas; al contrario, era un bebé que casi no dormía, siempre que sus padres se acercaban a su cuna para verlo dormir, encontraban al pequeño con los ojos abiertos y atento a todo lo que pasaba a su alrededor.

Cuando tenía cerca de cinco años, el pequeño Erich llegó a casa con una punta de metal, su padre le preguntó acerca de su procedencia y el niño respondió que las había tomado del lecho del rió, donde se estaba construyendo un puente; aquel acto era para el recto padre intolerable, no podía consentir que el hijo de un religioso como él, anduviera tomando cosas ajenas, era un robo y por lo tanto, imperdonable. A la mañana siguiente, Samuel y su hijo fueron hasta el puente y le hizo pedir una disculpa y devolver las puntas de metal. La lección había sido más provechosa que mil sermones juntos, y esto sirvió a Erich para el resto de su vida.

El empleo de Samuel terminó, la congregación lo estimaba mucho y estaban impresionados por su sabiduría en cuestiones talmúdicas, pero sus ideas eran obsoletas, así que lo reemplazaron por un rabino más joven. Los Weiss de nuevo se veían en condiciones precarias y decidieron trasladarse a Milwaukee. En esta ciudad las condiciones de la familia no fueron muy buenas, ya que en menos de 5 años cambiaron de residencia por lo menos una vez por año. Cecilia, quien era una excelente costurera, se encargaba de arreglar las ropas de sus hijos para que los más pequeños utilizaran las que iban dejando los más grandes, sus muebles casi no existían y la comida era muy escasa, pero ella rara vez se quejaba de su situación.

En tierras norteamericanas, apareció otro miembro de la familia, se trataba de Theo, quien nació el 29 de febrero de 1876, así que su cumpleaños se festejaba cada cuatro años, pero a Erich le dijeron, tal vez por proteger su ciudadanía, que había nacido el 6 de abril de 1874, y desde entonces, festejaba su cumpleaños en esa fecha. La situación familiar se complicó con la llegada de dos bocas más que alimentar, Leopold y Cari Gladis, los más pequeños de los Weiss.

Desde muy pequeño, Erich trabajó al igual que sus hermanos, para contribuir en el escueto ingreso familiar, su primer trabajo fue vendiendo el periódico de la ciudad, el *Milwaukee Journal*, publicación de la cual vendieron el primer ejemplar, pero el espectáculo lo llamó desde pequeño; solía contar que su debut fue haciendo acrobacias, había fabricado un trapecio, el cual había amarrado a un árbol y en él practicaba para su gran presentación en el "circo" que uno de sus amigos había preparado en un jardín. Houdini solía decir que en aquel acto se colgaba del trapecio mientras con las pestañas, recogía alfileres del piso, además decía que había sido capaz de escaparse de una cuerda con la que había sido atado, pero esto sólo era una fantasía.

Es necesario mencionar que muchas de las personas que conocieron a este gran mago, afirman que la mayoría de sus proezas habían sido manipuladas por él para hacerlas parecer aún más grandes, pero esto no debe tomarse como un embuste, sino como el funcionamiento de una de las mentes más brillantes del mundo del espectáculo, un hombre que conocía la importancia de la publicidad y su impacto en el consumidor, la mente de Harry Houdini, una mente en cadenas.

Erich y Theo solían trabajar vendiendo periódicos, en cierta ocasión, cayó una violenta tormenta de nieve, pero los dos niños lograron vender sus cargamentos y regresaron a casa a bordo de un trineo jalado por un viejo caballo, el cual era propiedad de un buen samaritano que se ofreció a llevarlos cerca de su hogar; cuando estuvieron frente a su madre, Theo metió la mano al bolsillo para sacar el dinero que habían ganado y se quedó petrificado al darse cuenta de que ya no estaba, lo había perdido; pero Erich tenía una idea y la iba a poner en práctica, así que tomó el dinero que él todavía tenía y fue a comprar una flor, y en la calle, con una mirada enternecedora, logró que un transeúnte le diera unas monedas por ella, y con eso fue a comprar dos flores, y en pocas horas habían ganado mucho más que lo suficiente para pagar los periódicos.

En cierta ocasión Samuel llevó a Erich a ver la actuación de un mago que había llegado a la ciudad, se trataba de un afamado artista de nombre "Dr. Lynn", su acto más conocido era el de colocar a una persona en un gabinete y con un sable cortaba cada miembro de su cuerpo sin salpicar una sola gota de sangre, una vez que había descuartizado a su víctima, el mago colocaba cada miembro en el gabinete y súbitamente, el asistente se levantaba ileso, como si nunca le hubiera pasado nada. La actuación de este personaje impactó fuertemente a Erich, pero no pensaba en convertirse en mago.

Los problemas financieros de la familia seguían presentes, cuando Erich cumplió doce años, su padre le hizo prometerle que se haría cargo de su madre; esta promesa hizo mella en la mente del niño y se dice que lo motivó a dejar su casa e irse en busca de fortuna que le permitiera dar a sus seres queridos todo lo que nunca habían tenido, pero debemos mencionar que la familia de Houdini tenía tendencia a maquillar los hechos e inventar historias que los hicieran parecer importantes; es por eso que debemos contemplar la verdadera esencia y problemas de aquel niño húngaro, que debido al afán de su madre por darle la seguridad de sentirse norteamericano, le dijo que había nacido en Wisconsin.

Además, desde muy pequeño Erich tenía serios problemas de dislexia, es decir que confundía las palabras y a la hora de escribir, agregaba o quitaba letras, lo que le hacía muy difícil el desarrollo escolar, y es muy posible que esta situación, aunada a las presiones paternas lo hicieran tomar la decisión de huir de su hogar. Aprovechemos para poner en claro algunos puntos de los que hemos hablado hasta el momento; para empezar, no existe registro alguno acerca de que Samuel hubiera sido ordenado rabino por alguna organización judía, y la historia acerca de su supuesto duelo con su enemigo, el cual dio inicio a su mala fortuna, es muy poco probable que haya sucedido, ya que resulta bastante extraño que un rabino se enfrente a alguien empuñando un arma, lo cual podemos advertir en las lecciones morales que inculcaba a sus hijos.

Cecilia solía contar la historia de que Erich era en realidad el segundo hijo al que nombraba así, ya que el primero había muerto en Hungría y que siguiendo la tradición judía, había nombrado a su siguiente hijo, el cual había nacido en Estados Unidos de Norteamérica, de la misma manera, pero esto es muy poco probable, primero porque no existe ningún registro de que este niño hubiera muerto, y segundo, porque no existe una tradición que obligue a los padres a ponerle a sus hijos el nombre de un hijo previamente fallecido, y si esto se aplica, es normalmente el nombre de algún abuelo, tío o padre, no el de un hermano.

Su primer destino era Delavan, Wisconsin, en ese lugar pensó que podía bolear las botas de los soldados del fuerte, y se dirigió hacia este, pero al llegar se dio cuenta de que los soldados lustraban sus propias botas, así que su negocio se había frustrado antes de empezar. Los días habían pasado y el hambre comenzaba a hacer estragos en la voluntad de aquel aventurero, pero el destino le tendió la mano y conoció a un muchacho llamado Al Flitcroft, quien después de escuchar sus aventuras lo llevó a su casa, donde su madre le cosió sus ya gastados pantalones y le ofreció un baño con agua caliente. Erich permaneció con ellos por varios días, pero el trabajo para un infante de doce años era muy escaso, así que se fue y probó suerte en otro lugar.

El pequeño aventurero se dirigió a Beloit, pero allí tampoco había trabajo para un jovencito de doce años, así que varios días después regresó a Delavan a casa de sus amigos; a su llegada, la señora Flitcroft le preguntó si había recibido su carta, ya que como no tenía dirección alguna la había enviado bajo la custodia del encargado de correos de la localidad, así que Erich tuvo que regresar al día siguiente para ir por la misiva.

Samuel sentía un poco de presión por la situación de su hijo, y si él podía ir a buscar fortuna, por qué no habría de hacer lo mismo, así que viajó a Nueva York con la idea de que la ciudad tenía mayor población y por lo mismo había mayor oportunidad de abrir otra escuela religiosa ahí. Padre e hijo se encontraron en esa ciudad y se pusieron a trabajar hasta que lograron reunir suficiente dinero para lograr traer a su familia de Wisconsin. Habían conseguido un pequeño apartamento en la east 75th street, y el pequeño aventurero fue a recoger a su familia a la estación central de trenes para llevarla hasta la que sería su residencia por algún tiempo, ya que después se mudarían a East 69th Street, al número 305 y allí vivirían por muchos años.

Pero la pobreza y carencias seguían como buitres a la familia Weiss, tanto era su dolor, que cierta vez el pequeño Erich encontró a Samuel con la cabeza pegada al suelo y murmurando "El Señor proveerá, el Señor proveerá", sin duda esto dejó una profunda marca en el jovencito, quien en el mes de diciembre, mientras trabajaba como mensajero para una tienda departamental, escribió un mensaje y lo colocó en su gorro. Este mensaje decía:

"Navidad se acerca
los pavos están gordos
por favor deje una moneda
para el mensajero en su gorro"

Este acto producía muchas sonrisas y buenos resultados, así que para esa tarde, ya tenía muchas monedas, las cuales escondió en sus ropas, algunas bajo las solapas, en sus mangas, en el cuello, y cuando entró a su casa, le pidió a su madre que le diera una buena sacudida, las monedas comenzaron a caer por todo el suelo, su madre estaba sorprendía y divertida a la vez, así que le dio una segunda sacudida y más monedas cayeron, las lágrimas se asomaron a los ojos de la conmovida madre y junto con su hijo se arrodilló y para recogerlas todas, cuán grande sería su sorpresa al contarlas y ver que casi alcanzaba para pagar el alquiler vencido. Este acto nos demuestra que el pequeño ya tenía mucha idea sobre el poder del entretenimiento como medio para llegar a las personas y lograr sus objetivos, además de que comenzaba a sentir que la magia era algo que le importaba más de lo que él mismo sabía.

Se dice que este truco lo aprendió de un mago de carnaval, pero eso, al igual que muchas de las cosas que se dicen de Houdini, es una leyenda, ya que eso lo aprendió de un patrón de su hermano Theo, un fotógrafo que le enseñó a éste el truco y a su vez se lo enseñó a Erich. En el truco original se hacía desaparecer y aparecer una moneda de 25 centavos, pero Erich lo practicaba día y noche, hasta que logró perfeccionarlo, y en sus manos, aquel simple efecto parecía ser todo un milagro, esto hizo crecer su interés por la llamada reina de todas las artes y comenzó a leer libros sobre el tema y la práctica le produjo un gran aumento en la confianza sobre sí mismo.

El pequeño Erich era un gran atleta, los fines de semana solía correr con el Club Allerton de atletismo y después lo hizo con el equipo de pista del Club Pastime. Su madre le hizo unos pantaloncillos de seda rojos, y con ellos y su gran fuerza de voluntad logró ganar varios trofeos en su categoría, pero no se conformó con estas actividades, también incursionó en natación y clavados, para lograr una condición física óptima, solía someterse a una dura rutina de ejercicios, la cual seguiría por el resto de sus días, además, era una persona muy sana, no bebía y tampoco fumaba, su padre condenaba el alcohol y el tabaco, le decía que eran la perdición del hombre, pues lo sometían a su yugo y jamás lograban escapar.

Pero el espectáculo seguía tentándolo, y se adentró en el mundo del teatro al inscribirse en la asociación amateur de arte dramático "Edwin Forrest", donde cierta vez, al encontrarse frente a un público, los nervios lo enmudecieron y no lo dejaron actuar. Era obligatorio que todos los miembros se presentaran frente al público y realizaran algún tipo de actuación, pero al ver que él no podía, le dieron la tarea de leer un libro de poesía.

Erich trabajó por dos años y medio como asistente de cortador de corbatas en la fábrica Richter, y durante ese tiempo su interés por la magia y su habilidad crecieron significativamente; solía realizar algunas presentaciones en su vecindario y durante ese tiempo encontró a otra persona con el mismo interés y se hicieron grandes amigos, se trataba de un hombre llamado Jacob Hyman. Durante sus tiempos libres, solían intercambiar trucos y secretos.

Pero habría de recibir el empujón definitivo para adentrarse de lleno en el mundo del humo y los espejos, ya que cierta vez llegó hasta sus manos un ejemplar de las memorias de un mago francés, este mago sería considerado con el tiempo como el padre de la magia moderna, su nombre era Robert Houdin. Este gran personaje había sido un relojero, que dejó el negocio familiar para abrir un pequeño teatro en París; Houdin aprovechó sus conocimientos en relojería para aplicarlos a su magia, y logró fabricar interesantes artefactos, entre los cuales destaca uno de los primeros autómatas de toda la historia, se trataba de un robot que adivinaba una carta previamente elegida por un miembro del público.

Además, este fabuloso artista fue enviado por el emperador francés a Algeria para demostrar que su magia era mucho más poderosa que una secta fanático-religiosa llamada Marabouts, cuando estuvo frente a ellos, hizo aparecer balas de cañón de su sombrero vacío y desapareció a un jovencito de debajo de un cono gigante, así que los jefes de la secta decretaron que las maravillas que aquel hombre había ejecutado eran por mucho superiores a las que los brujos de su secta producían, pero ese no fue el mayor logro de Houdin, ya que a su llegada, una revolución estaba por estallar, y su magia había hecho desaparecer cualquier intención de un levantamiento.

La lectura de la vida de este gran mago, fue una gran inspiración para Erich, desde ese momento sólo aspiraba a una vida como la de su héroe. Lo comentó a su amigo Hyman, quien le dijo que era muy fácil ser como él, tan sólo tenía que agregar una "i" al final, y así nació el apellido del mago más grande del mundo. Su primer nombre seguía siendo un problema, las teorías sobre esto son muy variadas, unas aseguran que el nombre de "Harry" lo tomó de

Póster promocional de Robert Houdin, ídolo del joven aspirante a mago.

uno de los magos norteamericanos más importantes de sus días, su nombre era Harry Kellar, pero la teoría más factible es la que contaba su hermano Theo, quien decía que su nombre Erich solía prestarse a malas pronunciaciones y que con el tiempo se había deformado tanto que la similitud entre este y Harry era mucha, así que Erich decidió transformarlo definitivamente, y así obtuvo su nombre artístico: Harry Houdini.

2

El mundo del espectáculo

Los inicios y la muerte de Samuel

El panorama del entretenimiento mágico en los teatros de Nueva York en el año de 1891, eran Harry Kellar y Herrmann "El grande", ambos tenían un gran prestigio, fama y fortuna. Herrmann tenía una mansión ubicada en Long Island, además de poseer su propio yate, el cual se llamaba *Fra Diavolo;* sus ingresos eran de más de 90,000 dólares anuales, mientras que Kellar era un exitoso hombre de negocios y vivía de manera menos ostentosa que su colega, y todos sus ingresos los tenía en el banco o invertidos, solía realizar giras por todo el mundo, especialmente por Asia, África y Sudamérica.

Erich, a quien desde ahora llamaremos "Harry", nunca los había visto actuar, así que no tenía idea del tipo de magia que se presentaba en los escenarios neoyorquinos en esos días. Su primer socio fue su gran amigo Hyman, con quien formó una pareja que se hacía llamar "Los hermanos Houdini". Audicionaron ante varios agentes teatrales, pero los resultados siempre eran los mismos, les decían que no tenían experiencia o ritmo, además de no tener potencial, así que cuatro meses después, Hyman se fastidió y decidió separarse de la sociedad y se fue con su hermano Joe para dedicarse a practicar canciones y bailes. Theo había practi-

Alexander Herrmann.

cado el acto alguna vez que Harry se lo pidió, así que él fue el reemplazo adecuado.

La nueva actividad de sus hijos no hacía feliz a Samuel, decía que perdían el tiempo con sus sueños de figurar en el mundo del espectáculo, solía decirle a su esposa que estaba decepcionado de que sus hijos no quisieran tener una profesión como su hijo Leopold, quien quería ser doctor; ella escuchaba pacientemente las quejas de su marido, pero aún así, apoyaba y estimulaba a los futuros artistas, les confeccionaba sus vestuarios y era la primera en presenciar cuando querían probar algún truco nuevo. Debemos mencionar que en el argot mágico no se utiliza la palabra "truco", prefieren utilizar la palabra "efecto".

Las calamidades seguían rondando a la familia, Samuel cayó enfermo y ya no podía levantarse, en su lecho llamó a Harry y nuevamente le hizo prometer sobre el Torá, que cuidaría a su madre, lo que hizo crecer el vínculo entre madre e hijo haciéndolos inseparables, lo que llenaría al gran mago de orgullo y satisfacción años más tarde. Samuel falleció el 5 de octubre de 1892.

Los hermanos Houdini

Harry y Theo pusieron mucho esfuerzo en desarrollar un acto y comenzaron a actuar en eventos sociales de su vecindario, juntas de clubes y tabernas. Habían logrado que un agente teatral los considerara y cuando algún acto de apertura no se presentaba en el "Imperial Music Hall" los llamaba a ellos. Su acto era muy sencillo, algunos efectos con velas y fuego, algunos efectos de cartas. Haciendo un paréntesis sobre este efecto en particular, uno de los más grandes exponentes de éste fue Cardini, quien utilizando guantes, solía aparecer y desaparecer una cantidad impresionante de cartas y Harry realizaba este efecto con aceptable habilidad, incluso cuando ya se había consagrado, su realización no mejoró mucho. El efecto con el cual finalizaban su actuación era el llamado "la metamorfosis".

En este efecto, las manos de Theo eran atadas detrás de su espalda, para después ser introducido en un costal de tela, el cual era atado en la apertura e introducido en un gran baúl, y una vez hecho lo anterior, se colocaban candados y una cadena en la tapa para evitar que saliera. Cuando todo estaba listo, Harry se paraba en la tapa y subía lentamente una cortina para impedir que los espectadores vieran lo que ocurría en un abrir y cerrar de ojos, durante los ensayos, Harry desaparecía y en su lugar se encontraba su hermano, y en el interior del baúl, dentro del costal, atado con las manos en su espalda, se encontraba Harry.

Este efecto era bastante antiguo, algunos de sus practicantes solían hacer sus propias variaciones, por ejemplo, John Neville Maskelyne, uno de los magos más importantes de Gran Bretaña, ofrecía el escape de una caja cerrada con cadenas y candados; el mago francés Berard Marius Cazeneuve solía atar a su esposa en una silla y la colocaban dentro del baúl, cuando él levantaba la cortina, después de unos segundos, ella estaba sobre el baúl y cuando lo abrían estaba vacío, pero de adentro de éste sacaban un baúl de menor tamaño, y en él se encontraba un pequeño saco de tela y él estaba amarrado dentro de éste. Los hermanos Houdini habían introducido una variante sumamente interesante, ellos producían el cambio al levantar las cortinas en tan sólo uno o dos segundos, lo cual era bastante novedoso, pues los demás tardaban algunos minutos en realizar su efecto, por lo que el nombre de la "metamorfosis" era bastante acertado. En nuestros días, este efecto se sigue presentando, los artistas más conocidos que lo siguen haciendo es una pareja norteamericana llamada "Los Pendragon", son recurrentes participantes en los especiales de magia que transmiten algunas televisoras, sus presentaciones son casi iguales a las de Houdini, pero ellos han logrado perfeccionar la rapidez del cambio, el cual ocurre en menos de un abrir y cerrar de ojos, es realmente impresionante.

En los ensayos todo había salido de maravilla, hasta que cierto día, durante una presentación en el "Imperial Music Hall", Harry realizó sus efectos de costumbre y cuando llegó el momento de realizar la "metamorfosis", Theo fue introducido en el saco de tela y en el baúl, las cadenas y candados fueron puestos en su lugar y Harry subió a la tapa, levantó la cortina y se preparó para hacer el cambio, pero nada ocurría, Theo seguía adentro del baúl, y los minutos pasaban lentamente, hasta que las cortinas se cerraron y así terminó su acto; cuando abrió el baúl, encontró a Theo medio sofocado y apenado por haber dejado el utensilio que le permitía abrir el costal en el camerino, así que a partir de la siguiente vez, Harry sería quien fuera encerrado en el baúl. Pero la desastrosa actuación anterior, le había quitado la oportunidad de seguir trabajando en el teatro, así que tuvieron que dejar la ciudad y salir a trabajar en pequeños espectáculos pueblerinos.

Los espectáculos pueblerinos eran el más bajo lugar donde un artista podía trabajar y sus salarios eran casi simbólicos, pero estas actuaciones les daban la oportunidad de pulir su acto y ganar experiencia. Cada día hacían más de seis presentaciones y algunas veces en fines de semana, llagaban a hacer más de veinte. Los llamados "dime museums" eran locales que presentaban maravillas naturales, pero con el tiempo, los empresarios comenzaron a contratar a fakires, tragaespadas y magos para atraer al público; entre estos empresarios podemos contar al legendario P. T. Barnum.

Su primer contacto con el espiritismo

Tras la muerte de su madre, Houdini se convertirá en uno de los principales detractores de los médiums, dedicaría el resto de sus días a demostrar que eran un fraude, pero esto lo veremos más adelante, por ahora seguiremos con el curso de nuestra historia. Durante varias presentaciones en la ciudad de Milwaukee, Harry observó que había un hombre de prominente barba que había asistido a muchas de sus presentaciones, así que tuvo deseos de hablar con él; aquel hombre se presentó como el Dr. Josef Gregorowich, hipnotista y sanador espiritual, y tras una breve charla, le ofreció que lo acompañara en una de sus sesiones en su hogar, por supuesto que el curioso artista aceptó.

Ese día, Harry llegó puntual, entró a la casa y encontró una atmósfera que le producía cierta emoción y curiosidad por lo desconocido. La casa estaba en penumbra, todas las cortinas estaban cerradas y las lámparas apenas iluminaban lo suficiente para ver por donde se caminaba. Una vez que la hora había llegado, todos tomaron sus lugares y el médium se colocó junto a una mujer anciana, la cual había acudido por estar muy enferma, así que Gregorowich tomó un vaso de cristal vacío e invocó a la oscuridad, las luces terminaron por desaparecer, y el doctor pidió al más allá que le brindara la medicina adecuada para la anciana, cuando las luces se encendieron nuevamente, el vaso estaba lleno de un elixir maravilloso.

Aquella experiencia emocionó tanto a Harry, que su nuevo amigo le ofreció enseñarle todo acerca de su profesión, además, pensaba que si aquel hombre vivía tan cerca de la estación de policía, debía ser una persona honesta. En cierta ocasión, Gregorowich le ofreció una manifestación de un espíritu, así que le pidió que lo atara de manos con vendas y que los nudos fueran cosidos, para después, amarrarlo a un poste que se encontraba clavado al suelo de la habitación; ahora se encontraba atado de manos, a un poste y sentado de tal manera que no podía moverse, entonces, una taza con una pequeña cuchara era colocada en su regazo. Cuando ya todo estaba listo, una cortina era levantada para impedir que los espectadores pudieran ver a los espíritus manifestándose, según él, utilizarían un código muy sencillo, sonarían una vez la cuchara para decir "si" y dos veces para decir "no". Harry realizó una simple pregunta y la respuesta no se hizo esperar, estaba asombrado, cuando la cortina cayó, aquel hombre estaba exactamente como lo habían dejado.

Desde ese momento, Houdini estaba decidido a descubrir qué era lo que pasaba detrás de las cortinas, y años después, encontró el secreto de aquel hombre en un libro escrito por John W. Truesdale, el hábil espiritista sólo tenía que hacer unos cuantos movimientos con su cuerpo, para lograr tomar la cuchara con una mano que quedaría libre, y así producir las manifestaciones de los espíritus. Esto no quiere decir que todos los espiritistas son charlatanes.

Retomando el tema, los hermanos Houdini habían llegado a la ciudad de Chicago justo a tiempo para la "Feria Mundial" de 1893, y allí Harry vio la actuación de un mago hindú que tragaba docenas de agujas y un trozo de hilo de algodón, y después de unos segundos, sacaba las agujas de su boca, pero todas estaban ensartadas en el hilo, aquel acto lo había dejado sin habla, así que se acercó al mago e intercambió secretos con él y así logró adquirir el secreto de uno de los efectos mágicos que lo habría de poner en boca de todos. Los agentes teatrales de Nueva York seguían sin confiar en los jóvenes magos, pero aún así, la determinación de Houdini le valió para conseguir un contrato en una taberna, sería el cuatro de julio, ya que ese día los mejores actos se presentaban a lo largo de la costa.

Antes de llegar a este punto, sus presentaciones habían mejorado considerablemente, y ya no trabajaban en lugares despreciables en las periferias de las ciudades, ahora se presentaban en lugares más céntricos, lo que significaba que habían mejorado bastante. En su nuevo trabajo, habían desarrollado un nuevo efecto, ahora Harry era encadenado y asegurado con candados y era introducido en un barril para cerveza, del cual lograba salir sin cadenas en tan sólo veinte segundos, pero aun no producía la respuesta del público que él esperaba, algo le faltaba y tenía que descubrir qué era.

Para el mes de mayo, habían logrado contratos en Coney Island, habían sido contratados por el casino Vachress y en el palacio de Sea Beach, pero el amor estaba esperando a la vuelta de la esquina. Harry conoció a una preciosa mujer de nombre Wilhelmina Beatrice Rahner. Existen varias versiones sobre la manera en que se conocieron, la de Harry decía que él la había visto en un carruaje mientras se dirigía a una presentación privada por la que cobraría cinco dólares.

Cuando llegó a su cita, su equipo y varita mágica se cayeron y manchó el vestido blanco de una señorita, cuando levantó la mirada se dio cuenta de que era la misma chica a la que había visto en el carruaje, así que se ofreció a pasar por su casa más tarde para que le tomaran las medidas y su madre pudiera hacerle otro vestido. Cuando Bess fue con Cecilia, su madre, para la última prueba del vestido, logró evadir la custodia de su madre y fue con Harry a recorrer Coney Island; al atardecer ella le dijo que tenía miedo de regresar a su casa y enfrentar la furia de su madre, así que Harry le pidió que se casara con él en ese mismo instante y antes de media noche, ya eran marido y mujer.

En la versión de Bess, como cariñosamente la llamaba Houdini, él se había presentado en una escuela en Brooklyn, ella presenciaba su actuación desde la primea fila, y por accidente, el mago derramó el líquido de un vaso sobre su vestido, su madre se encolerizó y pretendía mandar a encarcelar al artista, pero Bess se había acercado a él y al oído le susurró que le había encantado su actuación, pero la colérica madre, advirtiendo que el mago era peligroso para su hija, se la llevó a empellones del lugar. Cuando Harry llevó el vestido a su casa, ella escapó de su madre y se fue a Coney Island con él, y en el camino vieron una comitiva nupcial alejándose del ayuntamiento y rieron cuando Bess le dijo a Harry que parecía un novio, a lo que él respondió con la petición de matrimonio: ella aceptó.

Pero la verdadera historia es muy diferente, Theo solía contarla cuando lo entrevistaban, decía que Bess era una de las hermanas del grupo "Las Hermanas Florales", el cual se dedicaba a presentar un acto de baile y canciones, él había salido primero con ella, y después se la presentó a Harry, cuando ellos dos se vieron, fue amor a primera vista y dos semanas después, simplemente se aparecieron como marido y mujer. La señora Rahner, madre de Bess, estalló en cólera y no le dirigía la palabra a su yerno, no entendía cómo su hija, católica, se había casado con el hijo de un rabino, mientras que Cecilia, la madre de Harry, estaba fascinada con la nueva integrante de la familia, además de que se fueron a vivir con ella.

Los recién casados, tuvieron que repetir su matrimonio para satisfacer a sus padres, primero, se casarían ante un sacerdote católico y después ante un rabino. Bess solía bromear diciendo que era la persona que más veces se había casado, con el mismo hombre. El matrimonio trajo cambios en la carrera artística de los hermanos Houdini, Theo dejaría el acto para que Bess lo reemplazara, pero además, Bess podía hacer el cambio mucho más rápido que Theo, él mismo admitió que nunca podría superarla así que comenzó una carrera por él mismo, ahora se llamaba "El Profesor Houdini", contaba con una chica que era su asistente y el escape del barril de cerveza era su acto principal.

Harry y su esposa tomaron el nombre de "Los Houdini" y la suerte comenzaba a sonreírles, habían logrado conseguir un contrato en Nueva York, el teatro de Tony Pastor era más bien un escenario privado, y era el lugar perfecto para mostrar un nuevo acto en la ciudad. Se presentaron y el acto fue bueno, pero nunca se mencionó una nueva fecha. En la primavera, Harry logró firmar un contrato con el circo de los hermanos Welsh en la ciudad de Lancaster, Pensylvania, y durante veintiséis semanas, los recién casados viajaron con el circo. La rutina de Harry consistía en manipular naipes, aparecer y desaparecer un huevo dentro de una bolsa de tela roja, cambiar el color de pañuelos al introducirlos en un tubo de cartón y después presentaba una rutina de clarividencia en la que Bess adivinaba qué objetos tenía en la mano su esposo, objetos que eran tomados del público, para terminar con "La metamorfosis", efecto que era aplaudido hasta el cansancio por los asistentes.

En el circo aprendería una de las habilidades que le ayudarían a convertirse en el escapista más famoso de todos los tiempos, le sería enseñada por un japonés miembro de la *Trouppe* de equilibristas de San Kitchy Akimoto. Este personaje podía tragar bolas de mármol para después regurgitarlas, y Harry puso todo su empeño en aprender, solía atar una pequeña patata en un cordón y la tragaba para después intentar regurgitarla, si la patata se iba al estómago, no había ningún peligro, era digerida y ya. Así que después de varios días, el aprendiz podría regurgitar bolas de mármol tan bien como su maestro; esto le ayudaría en el futuro a poder tragar herramientas para sus escapes, sobre todo si se trataba de esposas, mientras los miembros del público lo registraban para ver que no llevara ninguna.

Es importante mencionar que las esposas no eran un artículo común entre los magos antes de que Harry Houdini las comenzara a utilizar, algunos habían utilizado estos artículos como ornamento para algún efecto, casi siempre, los espiritistas las empleaban para asegurar a los incautos de que no podían utilizar sus manos, pero nadie había ideado algún acto de escapismo en forma. Tras meses de experimentar con varios tipos de esposas, Harry descubrió que algunas se abrían con mayor facilidad que otras, que lograrlo era mucho más sencillo de lo que pensaba; utilizando pequeños trozos de metal y alambre podía hacer que algunos modelos se abrieran, así como también descubrió que una sola llave servía para varios tipos diferentes.

Este trabajo lo llevó a formar un acto de escapismo, el cual ofreció a sus empleadores del circo a cambio de una módica cantidad de dinero, pero a éstos no les interesó.

Houdini, todavía no era un mago de tiempo completo, cuando no practicaba o estudiaba, solía vender pasta dental, jabón y otros artículos de primera necesidad a sus compañeros del circo. De esta manera, y pesar de que enviaba la mitad de su sueldo a su madre (10 dólares), logró reunir un poco de dinero y lo invirtió en un show de burlesque que visitaba varios pueblos; durante esos días, este tipo de espectáculos no era como se conoce hoy en día, las mujeres desnudas y los bailes exóticos no hacían su aparición todavía.

Harry sabía que la publicidad era básica para lograr el éxito de su espectáculo, así que solía adelantarse al resto del grupo y se presentaba ante los oficiales de policía y les mostraba cómo se escapaba de sus esposas, esto llamaba la atención de los periódicos y publicaban pequeños artículos, lentamente se estaba dando a conocer, y su magia comenzaba a ser comentada. Había incorporado una nueva variante a su efecto de la "metamorfosis", ahora solía pedir un saco de algún espectador, el cual se ponía y le ataban las manos, cuando el cambio se producía, él salía en mangas de camisa y Bess, dentro del baúl, salía con el saco puesto. Sin embargo, la compañía desapareció abruptamente, no había indicios de algún desastre, pero la realidad era que el representante había malversado los ingresos de ésta, así que se terminó.

Pero ahora Harry comenzaba a ser conocido y un artista de nombre Edward J. Dooley, quien se hacía llamar "Marco, el Mago", los contrató para realizar una gira por Canadá. Este hombre era un gran admirador de Herrmann, por años había ahorrado lo suficiente para poder armar un espectáculo parecido al del famoso mago y ahora estaba realizando lo que él llamaba "una gira de despedida", tras la cual dejaría todo su show y reputación a su hija y su yerno (Harry y Bess). Pero el espectáculo resultó un verdadero desastre, las presentaciones que realizaban no contaban con público, así que el dinero se acabó y Dooley regresó a su antiguo empleo.

Harry no se daría por vencido tan fácilmente, se quedaría en Halifax y trabajaría para lograr el éxito. Se le ocurrió una brillante idea, la cual sería su sello personal para siempre, haría una exhibición pública, así que anunció que lograría escaparse del lomo de un caballo al cual sería atado, y el día llegó, Houdini fue amarrado al lomo de un caballo, el cual difícilmente podría ser considerado como dócil, así que en cuanto sintió las contorsiones de Harry, luchando por liberarse, el corcel emprendió la carrera y varios kilómetros lejos del pueblo, el caballo se cansó y el mago logró liberarse, pero para su desgracia, no había nadie en mucha distancia alrededor para poder atestiguar esto.

Nueva Escocia había dejado de ser un buen lugar para el espectáculo, así que los Houdini se mudaron a St. John. Allí, Harry tuvo la oportunidad de acompañar a un médico a un asilo mental, donde un demente luchaba por liberarse de una camisa de fuerza, lo cual intrigó enormemente al mago, y esa noche, no pudo conciliar el sueño, en su mente volaban las imágenes de aquel demente y la camisa de fuerza; por la mañana, su esposa apenas había abierto los ojos cuando Harry la asaltó con su nuevo proyecto, estaba seguro de poder liberarse de la camisa de fuerza, algo que nadie había logrado.

Así que esa misma mañana, visitó a su amigo el médico y le pidió que le prestara una camisa de fuerza, y una vez que la recibió, comenzó a practicar y estudiar la manera de lograr su sueño; pasaría más de un mes hasta que Harry sintió que había llegado el momento de hacer la presentación de su hazaña ante el público. Esa misma noche, la gente se había reunido para ver cómo Houdini lograba liberarse de su camisa de fuerza, así que Harry se metió dentro de un gabinete y su esposa corrió la cortina, pasaron varios minutos y el silencio era total, sólo de vez en cuando, hacía algunos sonidos para no permitirle al público perder la atención en lo que estaba pasando, cuando finalmente el mago abrió las cortinas y dio un paso afuera del gabinete, esperaba que el público enloqueciera con su

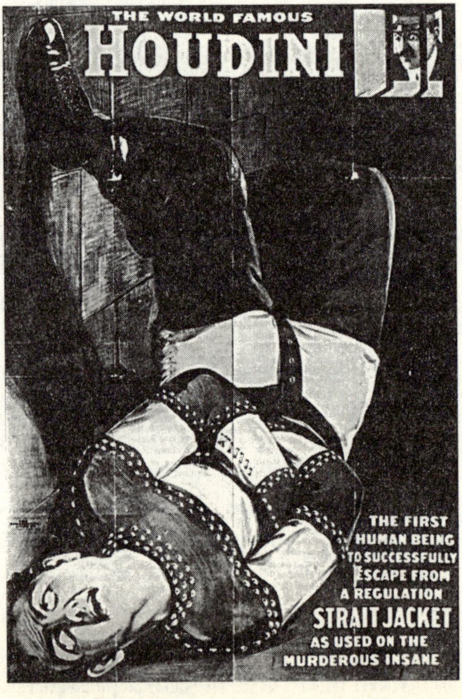

Póster promocional en el que se aprecia un dibujo de Houdini atrapado en una camisa de fuerza.

actuación, pero al salir sólo encontró un sepulcral silencio, el interés de los asistentes se había perdido desde el momento en que cerró la cortina del gabinete.

Había logrado deducir cómo liberarse de la camisa, pero no tenía idea de cómo hacerlo interesante al público; se dio cuenta de que la cortina era perjudicial para el acto, pues algún ayudante o cómplice podía haberlo desatado detrás de ésta. Había llegado el momento de regresar a Boston, el viaje a Canadá había resultado un verdadero desastre económico, pero en experiencia Harry había sacado lo mejor de todo, ahora tenía una idea que lo llevaría a la cima del mundo y además, había comprendido la importancia de la publicidad en el espectáculo. El viaje lo tenía sumamente afectado, tenía mareos debido al mar, pero el invierno era largo y tenía que asegurar algún tipo de ingresos, lo cual, afortunadamente, logró.

Al llegar la primavera, Harry le escribió a los hermanos Welsh, sus antiguos empleadores en el circo, tratando de conseguir que lo incluyeran en la siguiente temporada, pero la contestación fue que ya habían contratado todos los actos; la situación se estaba tornando crítica, el dinero comenzaba a escasear y estaba desesperado, así que escribió una carta a Harry Kellar y a Herrmann en la que se ofrecían él y su esposa como asistentes por el otoño; el único que contestó fue Kellar, y le dijo que su staff ya estaba contratado y completo, pero le deseaba el mejor de los éxitos en su carrera.

Su ánimo estaba por los suelos y su situación financiera era apremiante, había sufrido muchos rechazos y no había logrado nada, así que en el invierno de 1897, los Houdini decidieron incorporarse a una compañía ambulante llamada "Compañía de Conciertos de California", la cual era dirigida por el Dr. Hill quien vendía sus productos medicinales con el apoyo del entretenimiento. El trabajo no era gran cosa y el sueldo mucho menos, apenas ganaban veinticinco dólares a la semana, pero este dinero les proporcionaba cierta seguridad. Durante el desarrollo del programa, Houdini solía presentar su magia y escapes, su esposa cantaba, y cerca del final, ambos se presentaban como actores en una pequeña comedia.

Durante su estancia en Kansas, el Dr. Hill se dio cuenta de que un espiritista estaba atrayendo a la mayoría de las personas, mientras que su espectáculo perdía dinero todos los días, así que le ofreció a Harry una considerable cantidad de dinero si podía presentar una sesión espiritista en su espectáculo, la proposición era muy tentadora, además, había estudiado en antiguos libros los secretos de muchos espiritistas, incluyendo a su amigo Gregorowich, por lo que sabía que estas personas no eran sino un fraude, así que se propuso intentarlo él mismo, además de que Hill también le sugirió poner su nombre a la cabeza del programa, convirtiéndolo en la estrella del espectáculo. Harry afirmó a su empleador que él podía igualar al más famoso de los médiums.

3

La formación del artista

Harry Houdini: espiritista

El espiritismo moderno dio inicio en 1848, cuando las hermanas Fox, comenzaron a producir fenómenos paranormales en la granja de su padre, y aunque se descubrió que fue una trampa y que todo había comenzado como una broma, esta práctica estaba ganando adeptos por todo el mundo, personas notables y con gran preparación se habían convertido en creyentes. Harry había comenzado la preparación de su aparición como espiritista, visitó cementerios, asistió a pláticas, revisó y estudió copias pasadas de los periódicos para hacer algunas anotaciones que le fueran de utilidad en su presentación; en su casa, su esposa lo ataba de diferentes maneras para que él pudiera producir sus fenómenos.

El Dr. Hill cumplió su promesa y Houdini encabezaba el programa, se anunciaba que "Houdini, el Grande", presentaría una sesión espiritista a plena luz el día 9 de enero de 1898 en la ciudad de Galena, Kansas. El público había visto al mago escapar de varios artefactos de restricción y ahora, si todo era favorable, produciría fenómenos paranormales gracias a las mismas fuerzas extrañas que le ayudaban a lograr sus escapes.

El 9 de enero, el teatro estaba lleno, no cabía ni un alma, el ambiente era de incertidumbre, todos, sin excepción, habían acudido por la curiosidad de poder presenciar la aparición de algún espíritu. El programa transcurría presentando todos los números anunciados, pero al llegar el turno de Houdini, el público enloqueció, varios miembros respetables de la comunidad subieron al escenario para atar al incipiente médium a una silla, y no se retiraron hasta estar plenamente convencidos de que había sido así. Harry fue cubierto por una cortina, sus manos y brazos estaban firmemente sujetos a la silla, pero súbitamente, el tintineo de una campanita se hizo presente, seguido por el ruido de un pequeño tambor y por último, las notas de un mandolín, inmediatamente después, las cortinas fueron abiertas para verificar que el artista siguiera firmemente atado a la silla, y así era.

Las cortinas se volvieron a cerrar y la campanita volvió a sonar, pero, como si algo grave estuviera sucediendo detrás de las cortinas, la estructura completa comenzó a sacudirse, parecía como si alguien estuviera peleando del otro lado, y de repente, silencio, nada se movía, las cortinas se abrieron, y Houdini salió caminando, libre de sus ataduras hacia el proscenio. La gente enloquecida no dejaba de aplaudir, pero cuando por fin se hizo silencio en la sala, Harry dijo que podía sentir extrañas presencias en ella, y comenzó a decir nombres de personas en la sala, algunos secretos y casi al final, cuando el clímax estaba preparado, anunció la llegada de un hombre negro, su nombre era Efram Alexander, eso bastó para hacer que la mayoría saliera corriendo de aquel lugar, ya que ese hombre había sido asesinado en el pueblo y su muerte causó horror entre los habitantes.

De esta manera Houdini había logrado superar su primera presentación como espiritista, y comprobó que era más fácil asombrar a un público de esta manera, que si el mismo estuviera presenciado la actuación de un mago, pero el más contento de todos era el Dr. Hill, quien viendo la cantidad de dinero que le había producido aquel acto, afirmó que se presentaría en cada pueblo de cada ciudad. Durante sus días en esta compañía, Harry conoció a Myra y Joe Keaton, cantantes de música irlandesa y actores, su hijo Joseph, le caía sumamente bien, de hecho lo adoraba, ese mismo niño, con los años, se convertiría en nada más y nada menos que "Búster" Keaton, un famoso comediante de la época del cine mudo.

Las continuas presentaciones de este tipo de acto sirvieron para que Harry desarrollara nuevas habilidades, ahora podía escribir tomando un gis entre los dedos de sus pies, lograba levantar mesas utilizando sus pies para simular levitaciones. Cuando se retiró de la compañía del Dr. Hill, fue contratado en St. Joseph, Missouri, ahí presentaría su acto de magia y escapismo, pero había creado una reputación como espiritista que lo seguía a donde fuera, así que en ese lugar, varios parroquianos le pidieron que desenmascarara a un espiritista que había estado engañando a sus amigos, pero el médium, quien tenía una vasta red de informantes, había logrado enterarse de los planes de Houdini y arregló una cita con él.

Durante esa reunión, el médium confesó a Harry que todo lo que hacía eran trucos, él era un artista al igual que Houdini, y le pidió que lo dejara presentarse una vez más para reunir dinero y poder marcharse del pueblo, porque contrario a lo que todos pensaban, no ganaba mucho con sus sesiones, Harry accedió no sin antes hacerle prometer que en verdad se iría del pueblo. Cuando los contratos como mago escaseaban, Houdini y su esposa solían viajar por los pueblos realizando sesiones espiritistas, pero Harry tenía algunos escrúpulos y trataba de no defraudar a sus "clientes", es decir, no hacía cosas que le presentaran remordimientos morales.

Esos fueron días difíciles para el mago, la desesperación lo había llevado a considerar dejar la vida de los viajes y las penurias del camino, esto se puede comprobar con la publicación de un catálogo de dieciséis páginas en el cual ponía a la venta secretos de su acto, incluyendo los méto-

Portada del catálogo de Harry Houdini, entonces se hacía llamar "Profesor".

dos para lograr escapar de las esposas, además de ofrecer las instrucciones necesarias para que cualquiera se pudiera convertir en un médium. Pero, a pesar de que el año anterior no había logrado que el circo de los hermanos Welsh lo contratara, este año escribió a tiempo y logró ser incluido en la lista de artistas para esa temporada, además de que el acto de las esposas, que alguna vez rechazaron sus empleadores, esta vez era una parte esencial de su presentación.

En octubre, la gira del circo llegó a su fin y regresaron a Lancaster, Pensylvania. Esta vez, los Houdini recibieron una entusiasta carta de recomendación en la que ensalzaban su gran profesionalismo y espectacularidad, pero una vez que llegaron a Nueva York, las dificultades para conseguir contratos en los teatros seguían siendo las mismas que desde hacía siete años cuando empezaban. Harry estaba notablemente desesperado, tenía la vista fija en el Vaudeville, esa era su meta, pero los agentes teatrales lo hacían menos, pensaban que era un artista que debía presentarse en circos y espectáculos ambulantes, nunca en Vaudeville.

La situación había llegado a su límite, Harry no soportaba más aquella desesperación, no podía conseguir trabajo en ningún teatro, así que le dijo a Bess que había tomado una decisión, se pondría un límite, sólo seguiría un año más, si en ese tiempo no pasaba nada, entonces buscaría un trabajo normal como cualquier persona y se olvidaría del mundo del espectáculo. Pero la suerte estaba a punto de cambiar; esos años en el camino habían servido para enseñarle más de lo que él se imaginaba, su repertorio se había incrementado notablemente y sus recursos artísticos también, además ahora conocía el poder de la publicidad, lo único que le faltaba era poner todo junto y llevarlo a la práctica.

Durante pláticas que he sostenido con algunos magos norteamericanos, tales como "The Amazing Randi" y Jack Gailyn, he notado que todos concuerdan en la gran habilidad de Houdini como publicista, y en cuanto a sus aptitudes mágicas; no así las de escapista, que eran limitadas. Existen algunas viejas películas de éste haciendo una producción de cartas y se puede apreciar su limitada destreza, sin embargo, la mente de Houdini trabajaba de manera diferente al resto de los magos, él buscaba la forma de presentar todo su material de una manera que acrecentara el dramatismo y por consiguiente el impacto al público era mayor, esta era la principal virtud de Harry Houdini.

4

Abriéndose camino

1899

Harry había aprendido la lección de la vida en los pueblos y sus carencias, así que no estaba dispuesto a perder más el tiempo: había pensado en una estrategia publicitaria que no le podía fallar; antes la había intentado al tratar de escapar del lomo de un caballo, pero el animal había corrido lejos antes de que él pudiera liberarse, ahora no le pasaría lo mismo. El 5 de enero de 1899, acudió a las oficinas de la policía y afirmó que podría liberarse de sus esposas, un reportero escuchó este audaz reto y se preparó para reseñar lo que acontecería, los oficiales le aplicaron las esposas y se aseguraron de que no quedaran flojas, y segundos después, Houdini estaba libre.

Aquella demostración resultó ser un éxito y pronto estaba en boca de todos, así que decidió repetirla, lo haría en el museo Khol y Middleton, pero esta vez, una de las esposas no había podido ser abierta, había sido colocada por el sargento Waldron de la policía local, y después de que Harry se dio por vencido, el policía confesó que había soltado una tuerca dentro del mecanismo; Houdini estaba furioso, nunca le había ocurrido que alguien manipulara las esposas sólo para derrotarlo, pero sacó algo bueno de esto, desde ese día, siempre especificaba que las esposas deberían ser regulatorias y sin manipulación alguna.

Había llegado a la ciudad de St. Paúl en el estado de Minnesota, y allí la suerte comenzó a sonreírle; cierta noche, durante una de sus presentaciones, se encontraba entre el público el agente teatral Martín Back, quien trabajaba para el circuito de Vaudeville, y quien además, dudaba de la legitimidad de las esposas de Harry, así que había comprado algunos pares y esa noche los mandó al escenario, y Harry aceptó el reto, liberándose de sus ataduras y con el tiempo, de los circuitos bajos del espectáculo.

Beck era un hombre de baja estatura que había llegado desde Alemania con un grupo coral, pero debido a su poca presencia en el escenario y lo limitado de su voz, decidió convertirse en un agente; tenía un gran prestigio en su ramo y fue el primero en poner los ojos en Houdini y darse cuenta de su potencial, así que lo contrató para el Teatro Orpheum en la ciudad de Omaha, por un salario de sesenta dólares a la semana, el ingreso más alto que jamás había recibido Harry. El agente sabía que si el mago podía cumplir su palabra de liberarse de cualquier clase de esposas, las posibilidades teatrales eran ilimitadas, y pensaba explotar eso, de hecho, a este hombre le debe su fama como escapista, pues sus actos de magia fueron restringidos por él para resaltar su habilidad de escapar de cualquier cosa.

La primera noche que se presentó, había varias sillas en el escenario, una mesa con varios tipos de esposas y un gabinete de tela al centro, Harry invitó a subir a varias personas del público para que revisaran las esposa y escogieran unas para ponérselas, y así lo hicieron, las esposas estaban firmemente cerradas en las muñecas del escapista, quien les dijo que alguno de ellos guardara la llave en su bolsillo, Houdini se introdujo en el gabinete y treinta segundo después, salió con las esposas cerradas pero no en sus muñecas. Acto seguido, presentó varios tipos de esposas y grilletes, habló de su papel en la historia y los hizo

Anuncio del programa del Teatro Orpheum en el que se puede apreciar el nombre de Harry Houdini.

revisar, cuando por fin los miembros del comité escogieron un par, se lo pusieron, Houdini regresó al gabinete, esta vez, la espera fue más prolongada y el suspenso estaba creciendo, cuando súbitamente, las cortinas del gabinete se abrieron y Harry estaba libre, la concurrencia estalló en aplausos, su acto terminó con la presentación de la "metamorfosis".

Houdini por fin había hallado la formula que le daría fama y fortuna, había convertido un acto de circo en una espectáculo para grandes teatros, además de que su reto de poder escapar de cualquier tipo de esposas le daba más realce a su condición de mago, pero también le traía más responsabilidad, ahora tenía que conocer todos lo tipos habidos y por haber de artefactos de retención, así que dedicaba su tiempo libre a visitar comisarías y museos de la policía, leía cualquier tipo de libro de cerrajería y esposas, se había aprendido los catálogos completos de varias compañías que se dedicaban a producirlas, había aprendido a utilizar alambres doblados para abrir cualquier cerradura, por lo que sus habilidades como escapista estaban aumentando enormemente.

El éxito que había alcanzado en el teatro Orpheum, hizo considerar a Beck la posibilidad de mandarlo a la gira Orpheum, y después de ver su actuación, supo que sería la decisión correcta. Para cuando Harry y su esposa llegaron a California, su sueldo se había incrementado a noventa dólares por semana, parecían muy lejanos los días de carencias y presentaciones en lugares de mala muerte. A su llegada a San Francisco, realizó una presentación, la cual motivó la publicación de un artículo de una página completa en el *Examiner;* en éste se revelaba la manera en que el mago abría las esposas, afirmando que sólo necesitaba un trozo de alambre y un pedazo de metal para forzar las cerraduras.

Pero este artículo no dañó la reputación de Houdini, sino que desató una ola de morbo, la gente no sabía cual era la verdad ¿sería posible que aquel hombre tuviera poderes sobrenaturales? Harry aprovechó la oportunidad que se le presentaba y acudió a la policía de San Francisco y los retó a presentar cualquier tipo de esposas y él se liberaría de ellas; esto tenía como fin aparente desacreditar la publicación que lo atacaba, pero él sabía que lo llevaría a los cuernos de la luna. El tenía una gran ventaja, años antes, durante una gira, había visitado a los policías, les había mostrado algunos trucos de cartas y ellos le habían mostrado su colección de esposas, así que toda la información que necesitaba estaba en su mente, Houdini tenía una memoria casi fotográfica.

El día del reto llegó, 13 de julio de 1899. Houdini fue desnudado dentro de la comisaría, y revisado exhaustivamente para verificar que no llevara ningún tipo de herramienta, le fueron examinados los oídos, la boca, la nariz y el cabello, pero no encontraron nada, así que las esposas fueron colocadas en sus muñecas, en sus tobillos fueron colocados grilletes y ambas ataduras fueron aseguradas entre sí con diez pares de esposas, Harry fue metido a un clóset que había sido revisado previamente y cerraron la puerta, diez minutos después, la puerta se abría nuevamente y Harry salía por ella.

Pero el reto aun no concluía. Como una dificultad extra, Harry les dijo que podría escapar de cualquier tipo de artefacto, así que los policías lo sujetaron con un cinturón utilizado para sujetar a enfermos mentales, y lo colocaron alrededor de sus brazos sobre ellos una camisa de fuerza, la cual fue asegurada con candados. Nada de esto detuvo al escapista, quien minutos después, volvió a salir libre del clóset. A partir de ese día, su eslogan era "nada en la tierra puede mantener a Houdini prisionero", además su sueldo se incrementó a 125 dólares por semana, una cantidad que nunca había soñado ganar, incluso su madre estaba maravillada por las cantidades de dinero que su hijo le enviba.

Pero el éxito había alcanzado al hijo del rabino, era el momento de hacer saber a todos sus colegas que Harry Houdini había llegado, así que empezó a escribir cartas y compró varias copias de periódicos en los que hablaban de él, y las envió a diferentes partes del país: sin duda, la modestia nunca fue una de sus virtudes, se había autonombrado "rey de las esposas y los grilletes". El éxito que había logrado en la comisaría de San Francisco, le había reportado grandes ganancias, ahora era la estrella principal de cualquier espectáculo donde se presentaba, sus contratos se extendían, y en cada pueblo que visitaba, le pedían que se presentara ante la comisaría a repetir la hazaña de San Francisco.

En cierta ocasión, el mago de tipo oriental Ching Ling Foo, se había presentado en un teatro, y a la semana siguiente, Houdini se presentó en el mismo teatro, pero logrando el doble de éxito que su predecesor, incluso los periódicos lo colocaban muy por encima de éste. Había estado trabajando para B. F. Keith, cuando su contrato con éste llegó a su fin, así que viajó a Toronto, Canadá, y de allí a Kansas. En esta ciudad Houdini repitió su proeza ante la policía, pero esta vez le dio un giro espectacular; una vez que se liberó de las esposas y grilletes, pidió que lo encerraran en una celda, se encontraba desnudo y sin ninguna posibilidad de ayuda del exterior, así que los policías aceptaron, estaban seguros de que esta vez verían fracasar al afamado ilusionista, pero se equivocaron.

De Ching Ling Foo podemos decir que era oriental y que había estudiado magia china tradicional, había realizado giras por todo el mundo y era sumamente famoso, pero a su llegada a Estados Unidos de Norteamérica, se encontró con un competidor, su nombre artístico era Chung Ling Soo, y su nombre real era William Robinson; él decía que era oriental cuando en realidad era norteamericano.

William Robinson, mejor conocido como Chung Ling Soo.

En cierta ocasión, se estableció una fecha para que ambos compitieran y se diera un ganador, pero Ling Foo nunca se presentó y se dio por triunfador a Ling Soo, y desde entonces realizó exitosas giras por todo el mundo, gozando de gran fama y prestigio.

Ocho minutos después, Houdini salió libre de la celda, a todos los asistentes se les cayó la quijada de sorpresa, de esta manera, había ganado un nuevo título, ahora se hacía llamar "el rey de las prisiones"; el escape fue atestiguado y certificado por escrito por más de veinte personas y fechado el 11 de abril de 1900. Los álbumes de recuerdos de Harry estaban llenos de certificados de escape, recortes de periódicos, fotografías e incluso su madre estaba feliz, pensaba que ahora su hijo podría pasar más tiempo con ella; pero se equivocaba, la mente de Harry estaba construyendo un desafío aún más grande, pasarían meses e incluso años para que pudiera ver a su madre, pero no había marcha atrás.

Europa

Harry había puesto los ojos en el viejo continente, así que el 30 de mayo de 1900 abordó el barco llamado *Kensington*. Existía un adversario al que nunca podría dominar: el mar; desde la primera vez que subió a una embarcación comenzó a sentir los estragos de los mareos, pero no era un simple malestar, cuando una tormenta alcanzó a su embarcación, las olas golpeaban fuertemente contra el casco produciendo una gran turbulencia, él solía encerrarse en su habitación y se estremecía sobre su cama, su esposa lo consolaba. Cuando la tormenta arreció, Bess lo hizo utilizar un chaleco salvavidas y lo amarró a un barandal, pues temía que en un arrebato, cumpliera sus intenciones de arrojarse por la borda.

Tenían como destino final la ciudad de Londres, Inglaterra. Allí se encontraban los centros de espectáculos más

El Rey de las monedas, T. Nelson Downs.

importantes de Europa y por lo tanto era su puente de entrada a todo el continente. Harry sabía que los artistas norteamericanos eran muy bien aceptados en ese país, siempre y cuando tuvieran algo interesante que ofrecer. Años antes, T. Nelson Downs, el llamado "Rey de las monedas", había logrado vender su acto al Teatro de Palacio después de haber enviado algunas críticas de los periódicos; este mago solía aparecer cientos de monedas del aire, su legado para los magos es invaluable, dejó muchas técnicas que se siguen aplicando hasta nuestros días, es el creador de efecto "El sueño del avaro", en el cual el mago sostiene una cubeta y va produciendo monedas del aire ilimitadamente.

Este mago había llegado a Inglaterra en 1899 como un acto de relleno, pero después de algunas semanas se convirtió en una estrella y su salario era más alto que el de cualquier embajador. Downs y Houdini eran amigos, se habían conocido en una feria en Chicago, así que si éste había logrado destacar en Europa, también podría Harry, pero sus primeras visitas a los agentes teatrales no le rindieron frutos, lo único que había logrado era una promesa de acudir a verlo cuando se estuviera presentando en algún lugar. En esos días, tuvo la fortuna de conocer a un joven agente, su nombre era Harry Day, este hombre no tenía ningún espectáculo fuerte, así que no era competencia para los demás agentes, pero la personalidad confiada y segura de Houdini lo cautivó y logró arreglar una audición en el Alambra.

El director del teatro C. Dundas Slater, no confiaba en la reputación de Houdini. Apenas unas semanas antes, había adicionado a un escapista que utilizaba sus propias esposas, así que utilizar esposas del público era una ventaja, pero dudaba que éste pudiera lograrlo, así que sugirió que fuera donde Scotland Yard y probara sus habilidades; esto parecía caído del cielo, pues era la oportunidad que Harry estaba esperando y aceptó inmediatamente.

Se presentó ante Scotland Yard, lo desnudaron y le pidieron que pusiera sus brazos alrededor de una columna y allí le colocaron las esposas, el encargado de esa labor fue el superintendente, una vez que se hubo cerciorado de que las esposas estaban bien colocadas, le pidió a Slater que lo acompañara a la puerta, estaba seguro que tendría que regresar a la habitación a rescatar al joven escapista, pero antes de que pudiera cerrar la puerta, un sonido metálico lo hizo voltear, las esposas estaban en el suelo y Houdini estaba libre, nadie lo podía creer

A las dos semanas de haber llegado a Inglaterra, Harry ya había conseguido un contrato para el mes de julio en la Alambra, pero esto lo tenía sin cuidado, pues antes de viajar se había procurado una colección de esposas británicas, aunque siempre existía la posibilidad de que le presentaran artículos de mucha antigüedad o de diferentes partes del continente, así que solía vagar por los mercados de curiosidades en busca de esposas o artículos que le ayudaran en su profesión, además había hecho amistad con varios cerrajeros de Londres, los cuales le había revelado varios secretos.

El día de su presentación, la prensa había publicado un favorable artículo sobre su persona; todo iba bien, cuando llego el momento de salir al escenario, un espectador corrió por el pasillo y se subió al escenario, afirmaba que Houdini era un impostor, quien, según sus palabras, no era norteamericano, y además, nunca había pisado ese continente. Cuando terminó su alegato, aquel hombre se identificó, se trataba del escapista que Slater había mencionado, era Cirnoc, según él, legítimo rey de las esposas.

Entre el público se encontraba Chauncey Depew, quien era un prominente abogado y político, que enfadado por aquella interrupción, se levantó, se identificó y dijo que él había presenciado la actuación de Houdini en los Estados Unidos de Norteamérica. La concurrencia aplaudió la defensa de este hombre, mientras tanto Harry le había dicho a Bess que trajera un par de esposas especiales, las había construido el capitán Edward Bean, y con ellas retó al intruso. Cirnoc le dijo que tal vez estaban amañadas y que primero debería probarlas Houdini, y así se hizo, le colocaron las esposas a Harry y se introdujo en el gabinete, al cabo de unos segundos salió libre; había llegado el turno de Cirnoc, así que su competidor le colocó las esposas y se metió en el gabinete, Harry le dijo a Bess que le diera la llave, ya que esas esposas eran tan grandes que no podría alcanzar a meterlas ni con la boca, el intruso había tardado algunos minutos hasta que por fin salió, pero aún traía las esposas y le pidió a su rival que lo liberara; se había decidido todo, el público declaró vencedor a Houdini e incluso Cirnoc le dio la mano antes de bajar del escenario.

A partir de ese día, en cada función aparecía algún retador con nuevas esposas, de las que Harry siempre salía victorioso, tanta publicidad había resultado muy provechosa, y el contrato que era sólo por unas cuantas fechas se prolongó hasta el mes de agosto, los agentes teatrales que antes habían ignorado al artista, ahora se peleaban por él y Harry Day era el que recibía todas las ofertas. El empresario había aceptado una presentación en el Teatro Central de Dresden, Alemania, el compromiso estaba firmado para el mes de septiembre. La noche de su presentación, Harry estaba nervioso, era la primera vez que se presentaría ante un público hablando en alemán, él lo hablaba perfectamente, pero nunca lo había hecho ante mucha gente, y esa noche el teatro estaba a su completa capacidad.

Tras bambalinas, Harry era un manojo de nervios, se le acercó el jefe de escenario, Gustav Kammsetzer, también un poco nervioso, y cuando el artista le preguntó la causa de sus nervios, el alemán le dijo que estaría en las piernas (cortinas laterales del escenario) para escuchar los aplausos, pero que si el público comenzaba una silbatina, entonces el contrato quedaría resumido a la única y última presentación. Aquel comentario dejó helado a Houdini, nunca se había imaginado que eso pudiera pasar, ni siquiera lo había considerado, además las palabras del jefe de escenario eran bastante inoportunas, apenas faltaban unos cuantos minutos para que saliera a escena. A esta preocupación se le sumaría la de saber que un teatro competidor había contratado a un hombre que desacreditaba al "Rey de las esposas", pues se trataba del mismo Cirnoc, quien con su publicidad y actuación, intentaría desbancar a Houdini.

Cuando su actuación dio inicio, comenzó con un breve discurso en alemán, el cual fue aplaudido brevemente por el público, comenzó con su escape de las esposas, apenas había salido del gabinete liberado, la ovación fue de pie, los alemanes había recibido mucho mejor de lo que esperaba su actuación, incluso, de improviso, Kammsetzer salió de las cortinas y corrió hasta la mitad del escenario, y allí, como si fuera un niño, brincaba y aplaudía lanzando su sombrero, desde ese momento, Harry supo que su compromiso en ese lugar se prolongaría por mucho tiempo. Al mismo tiempo, en el teatro competidor, Cirnoc estaba ofreciendo la presentación más desastrosa de su vida, no había logrado ni siquiera inquietar a Harry.

Houdini rompió todos los records de taquilla del Teatro Central, pero tenía que continuar su gira; ahora se dirigiría al Wintergarten, Berlín, pero Kammsetzer, quien dudaba del éxito del escapista, ahora se proponía postergar su partida, pero a su siguiente compromiso sólo respondió con un enfático "no". Durante la presentación en su nuevo lugar, los competidores y detractores aparecían todos los días, esto no era algo que preocupara a Harry, al contrario, sacaba partido de cada hombre que lo retaba, su popularidad crecía a pasos agigantados.

En cierta ocasión, un mago que se hacía llamar "Herrmann" trabajaba en un circo presentando un acto de escapismo, pero Harry no esperaría hasta que se presentara en el teatro para retarlo. Fue hasta el circo, y cuando su competidor pidió a varios miembros del público para que verificaran sus esposas, Houdini fue el primero que se levantó y corrió hasta la pista, y tomó las esposas, una rápida mirada le bastó para saber que no eran genuinas, así que gritó que le daría 500 marcos al mago si podía liberarse de una de sus esposas, 500 más si él no podía liberarse de las que su competidor estaba a punto de utilizar y 5000 más si podía duplicar su escape de la cárcel de Berlín; Hermann respondió que Houdini estaba tratando de engatusar al público, pues además no era norteamericano, sino un despreciable húngaro, a lo que Harry respondió sacando sus papeles de ciudadanía y su pasaporte, y dijo que uno de los dos era un mentiroso. Los periódicos no lo respaldaron esta vez, habían defendido al alemán.

La euforia por los actos de escapismo se había levantado, había escapistas por todos lados, así que Harry envió un telegrama a su hermano diciéndole que el ambiente era propicio para que fuera, Theo se embarcó en el primer navío disponible, en su equipaje llevaba una buena dotación de alimentos, pues no sabía que en el barco le darían de comer. Una vez que se encontraba en altamar, descubrió que el malestar ocasionado por este tipo de viaje era heren-

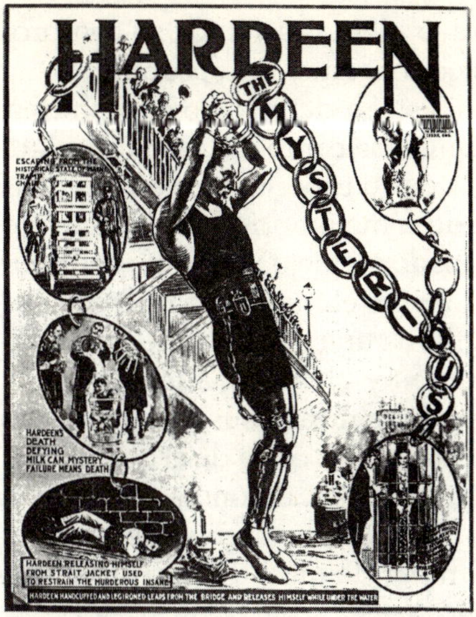

Póster promocional de Hardeen, su carrera nunca alcanzó el éxito de su famoso hermano.

cia familiar, él también sufría de los mismos trastornos que su famoso hermano. Harry lo recibió en la estación de ferrocarriles de Friedrichstrasse, ambos duplicaron el acto del primero y Theo se presentó por primera vez en un teatro, su nombre había sido "Harden", pero desde ese día, había decidido agregar una "e", ahora se llamaba "Hardeen", y ese sería su nombre artístico por el resto de su vida.

En su visita a Berlín, Houdini repitió la proeza, como era su costumbre, de escapar de la cárcel del lugar, lo habían desnudado y revisado como en cualquier lugar donde decidía realizar su escape, pero esta vez había obtenido un premio mucho mayor, el certificado que avalaba su hazaña, estaba firmado por Von Windheim, quien era la máxima autoridad de justicia en ese país. Su agente H. Day, había conseguido un contrato de regreso para el Alambra, pero aún faltaban diez días, así que consiguió que lo contrataran en el Circus Variete, de Magdeburg, que era representado por un hombre de apellido Jacobson; éste al ver el éxito de taquilla que era Houdini, le ofreció a Dundas Slater el doble del sueldo de Harry por dos semanas con la condición de que retrasara la inauguración de su compromiso, pero Slater rechazó educadamente la propuesta.

En diciembre, Houdini estaba de regreso en Londres, se había desarrollado una intensa campaña de publicidad, personas portando carteles de su espectáculo recorrían las calles diariamente; el acto de la metamorfosis había sufrido un cambio, había reemplazado su viejo y enorme baúl por uno mucho más pequeño. Así se eliminaba la creencia popular de que en él se encontraba una persona que lo ayudaba a liberarse de las ataduras y el costal, además, había eliminado las cortinas cuando realizaba sus escapes de las esposas, ahora el público estaba más cerca de él que nunca, pero si las esposas eran muy difíciles, entonces se cerraban las cortinas del frente del gabinete, en alguna de sus presentaciones en Londres, un par de marinos lo retaron con un par de esposas y un palo de escoba, el cual colocaron bajo sus rodillas dobladas después de las esposas, pero apenas habían cerrado las cortinas del gabinete, Houdini salió libre.

Cuando caminaba por las calles de Londres, el aparador de una tienda llamó poderosamente la atención de Harry, se trataba de un elegante vestido que se había fabricado para la reina Victoria, pero ésta había muerto antes de que el vestido fuera terminado, así que

Cecilia Weiss ataviada con el vestido que había sido fabricado para una reina.

inmediatamente pensó en su madre; el precio de 150 dólares le pareció poca cosa con tal de ver la expresión de alegría y sorpresa de Cecilia, así que con la ayuda de su esposa, el vestido había sido arreglado para que le quedara a la medida a su orgullosa madre. Pero la fecha en que pudiera visitarla todavía estaba muy lejana, por lo que se le ocurrió traerla a Europa: esa misma noche le escribió y le envió dinero suficiente; Cecilia se embarcaría al día siguiente hacia Hamburgo.

Harry y su esposa la recogieron en el muelle para llevarla a su hotel, y por la noche acudió a ver la presentación de su hijo; ya no había lugares disponibles, el teatro estaba abarrotado, pero él había arreglado que pusieran un asiento extra para su madre. El día domingo había realizado su última presentación en esa ciudad, y ahora se dirigía hacia Budapest en tren, donde se realizaría una fiesta que Cecilia nunca olvidaría. El Royal Hotel tenía unos hermosos jardines, y allí, se había mandado colocar una silla parecida a un trono, desde el cual, la madre de Houdini vestida con el atuendo real, saludaba a familiares que no había visto en más de veinte años, mientras que su hijo se encontraba de pie junto a ella. Algunos historiadores de Houdini afirman que esta fiesta más que ser un agasajo para su madre, era la manifestación del carácter soberbio del artista, que haciendo pasar por una reina a su madre hacía sentir su importancia y llenaba sus sueños de grandeza. Ahora tenía que viajar hasta el otro lado del continente, debía presentarse en el *Essen an der Ruhr*. Cecilia partió a Nueva York días después de haber llegado a esa ciudad.

Houdini había sido contratado por diez días en el Colosseum, pero el éxito que alcanzó lo hizo quedarse por cinco días más y de allí hasta finales de mayo. Una compañía que se dedicaba a fabricar armas había realizado un par de esposas especialmente para la ocasión, así que compraron todos los boletos del teatro, querían ver cómo Houdini se rendía al no poder escapar de su creación, pero Harry, que era un actor dramático consagrado al momento de realizar sus escapes, le dio mucha emoción a aquel reto, aunque las esposas se abrieron fácilmente; aquel escape fue tan comentado, que se tuvo que presentar de nueva cuenta la noche siguiente.

Las presentaciones de Houdini en el Teatro Colosseum habían sido todo un éxito, los pasillos siempre estaban llenos de personas sentadas en los escalones, y todos acudían a verlo a él: en cuanto la función comenzaba, el público enloquecido gritaba su nombre, así que en múltiples ocasiones entre bambalinas se había tenido que reorganizar el programa para hacer que el aclamado ilusionista saliera al escenario, pasando por encima de los demás actos. Estos sucesos le valieron para recibir de manos del jefe de escenario un trofeo de plata de casi un metro de alto debido a su gran profesionalismo y ventas de taquilla. Un año antes, Harry Houdini era un perfecto desconocido en Europa, nadie le daba un contrato, pero ahora, se había convertido en la atracción número uno del Vaudeville. Tenía veintisiete años de edad, y su cuenta bancaria se había inflado de una manera que jamás había soñado, sus contratos eran tan frecuentes que a veces tenía que rechazar algunos, y cuando no lo hacía, se los pasaba a su hermano "Hardeen".

Había logrado superar la leyenda de quien fuera su ídolo e inspiración, Robert Houdin; ahora, se escribía la historia del más importante mago y escapista que ha conocido el mundo: Harry Houdini.

5

El éxito en Europa

Dortmund y sus detractores

Pierre Althoff, director del circo Corty-Althoff, estaba casi en la ruina. Su espectáculo principal, una exhibición de caballos pura sangre se había arruinado cuando los animales contrajeron una enfermedad y fueron sacrificados por el Departamento de Salud de Gelsenkirchen, así que se jugó el todo por el todo y le ofreció a Houdini más de lo que le ofrecían los teatros; este se unió al circo en el mes de enero de 1901 en la ciudad de Dortmund, donde dio su primer golpe publicitario al escapar de varios ejemplares de esposas utilizados por un sádico asesino de nombre Glowisky, lo cual dio un excelente resultado, pero desató una historia bastante desagradable.

La publicidad siempre había sido el fuerte de Houdini, pero cierta vez, durante su compromiso con el circo, se encontraba en su hotel cuando el gerente se dio cuenta de que el velador estaba de vacaciones y se había llevado la llave de un cuarto importante, así que el escapista se ofreció para ayudarle, fue a una ferretería y compró una llave en blanco, a l a que haría las marcas necesarias para que funcionara en la cerradura, y así lo hizo, logró abrir aquella puerta, pero en la ferretería, un reportero había visto cuando compró la llave y se le hizo publicar que el secreto de Houdini era que, cuando llegaba a un nuevo pueblo, simplemente iba a las ferreterías locales y compraba cuanta llave había. A partir de ese día, Harry evadía las ferreterías como si en ellas se encontrara el demonio.

En menos de tres semanas, el circo había logrado salir de su crisis financiera gracias a su nueva estrella, así que se dirigirían a nuevos lugares con la esperanza de seguir cosechando triunfos: siguieron por Bochum, Colonia y Osnabrück. Pero tanto tiempo en el viejo continente podría dañar la fama que había ganado en su país, así que escribía frecuentemente a una revista de magia llamada *Mahatma*, cuyo editor en jefe era Walter Peterkin, que sería su corresponsal desde Europa, pero no quería que su nombre apareciera en su columna, por lo que su primera colaboración apareció en septiembre de 1901 bajo el seudónimo de "N. Osey", quien decía ser un mago alemán que poseía contactos en todo el continente.

Escribía comentarios sobre "Arden", pero como no se sabía quién escribía, no decía nada de su parentesco, pero le daba muchas críticas favorables, rara vez escribía algo sobre sí mismo, pero cuando escribía sobre otros magos, a veces era demasiado ácido con sus comentarios, el más claro ejemplo de esto es la crítica que realizó sobre el trabajo de Francis King, a quien acusaba de ser un imitador de T. Nelson Downs, Houdini y Thurston. De este último, podemos decir que fue considerado el sucesor de Harry Kellar en 1908, solía presentar su espectáculo con el slogan "El Show de Maravillas del Universo", se presentó ante la realeza de todo el mundo y fue el primer mago en presentarse en Broadway. A su muerte, su equipo se vendió en una bicoca, pero él siempre será recordado por su elegancia y dignidad en el escenario.

Era el momento de presentarse en Hanover, donde recibiría una importante lección, ya que las camisas de fuerza alemanas, eran mucho más difíciles que las que utilizaba en Estados Unidos de Norteamérica, había sido retado por el comisionado de policía, el Conde Von Schwerin en el Teatro Mellini, cuyo dueño, Herrmann Mellini, fue mago en su juventud y logró amasar una buena cantidad de dinero con su espectáculo, así que adquirió el teatro. Mientras tanto, el "Rey de las esposas" había roto los records de taquilla en ese lugar, por lo que Mellini realizó una función de gala en su honor en la que le regaló una guirnalda de plata y quinientos francos más de lo que su contrato especificaba.

París

Alemania e Inglaterra le habían ayudado a forjarse un nombre importante en la historia del espectáculo en Europa, pero habían quedado atrás, ahora le tocaba el turno a Francia. Al llegar a París, le esperaba su nuevo agente, Galenzie, que había arreglado un contrato para trabajar en el famoso *Follies Bergere,* pero ese mismo día, el dueño había sido internado en un asilo mental y su esposa había vendido el teatro así que el contrato ya no era válido; a pesar del hecho, había logrado entablar negociaciones con los hermanos Isola, quienes eran los propietarios del Teatro Olimpia, aunque tomaría varios días arreglar todos los detalles, lo que lo dejó con mucho tiempo libre, y con una visita que realizar.

Esta era la ciudad que vio nacer a su ídolo, Robert Houdin, el hombre que le había dado a la magia un nuevo significado y personalidad, la había llevado de la mano a la modernidad y la tecnología, así que debía visitar el Teatro Robert Houdin. Pero al llegar, vio que se había convertido en lo que conocemos como un cine, donde presentaban imágenes que se movían, y esto despertó una nueva inquietud en el artista. El nuevo dueño del teatro era un hombre llamado Georges Méliés, quien había sido mago cuando era joven; las películas eran dirigidas, escritas y actuadas por él. Harry y Georges se encontraron y tras una animada charla, el escapista fue presentado a Joseph Ferraris, quien se desempeñaba como asesor legal del teatro, y éste le dijo que la esposa e hijo de Houdin todavía estaban vivos.

Houdini se emocionó con esta revelación y escribió una breve carta a la esposa de su héroe y la envió con un mensajero, quien había recibido precisas instrucciones de entregar la carta solamente a la señora Houdin, y esperar una respuesta en el lugar, pero el mensajero regresó sin una respuesta, la dama se negaba a ver a Houdini. Harry le pidió a Ferraris que intercediera por él ante la dama, pero éste le dijo que la Señora llevaba mucho tiempo enferma y no deseaba ser molestada, lo que desató la ira del escapista; ahora se encontraba decidido a visitar la tumba de su ídolo. La ciudad de Boise era el lugar donde reposaban los restos de Houdin, así que tomó un tren a esa ciudad y al llegar se encontró con que la hija del padre de la magia moderna vivía allí con su esposo, quien recibió a Harry amablemente, mientras que Rosalie, escultora de profesión, se encontraba ocupada en su estudio y no se le podía interrumpir.

Henri, el esposo de la hija de Houdin, le había mostrado por más de media hora, invaluables objetos que pertenecieron a su suegro: libros, ropa, artículos de magia y relojes, los cuales habían sido fabricados por el mismo Robert Houdin. Como un comentario adicional, durante la investigación realizada para este libro, varios magos me informaron que en el Castillo de Chapultepec, en la ciudad de México, en alguna de las habitaciones se encuentra en exhibición un reloj fabricado por Houdin. Al salir de la casa de Henri y Rosalie, Harry fue a la primera florería que encontró y ordenó una corona de flores con la leyenda "Honor y Respeto a Robert Houdin de parte de los magos de América", cuando se la entregaron, se dirigió al cementerio con un fotógrafo, y cuando colocaba la ofrenda en la tumba, el fotógrafo tomaba placas de este momento memorable, acto seguido, regresó a París.

Houdini había sido contratado como estrella principal del Teatro Olimpia, pero cuando la policía francesa se negó a permitirle su escape de la cárcel, fue movido al segundo lugar. Esto se debió en parte a que la policía francesa no utilizaba esposas, sino cadenas y candados para asegurar a sus prisioneros por lo que el público no estaba familiarizado con ellas, así que tuvo que echar mano de sus viejos actos de manipulación, los cuales fueron muy bien recibidos por el público. Su contrato se prolongó por un mes; terminando su temporada en el mes de febrero se mudó a Colonia, donde le esperaba un asunto legal de vital importancia, ya que demandaría a un policía alemán de nombre Werner Graff, quien en un artículo del periódico *Rheinische Zeitung* del 25 de julio de 1901, lo había difamado al decir que mentía cuando afirmaba que podía escapar de cualquier artículo de retención.

Harry había contratado a un abogado prominente de aquella ciudad, y aunque el proceso podría resultar largo y costoso, consideraba que su honor y reputación estaban en juego y eso valía cualquier esfuerzo. El juicio comenzó en febrero de 1902, el policía retó a Houdini a escapar de una cadena asegurada a esposas que se utilizaba para el traslado de reos, el juez aprobó dicho reto, pero con la condición de que su escape se realizara ante la vista de todos, a lo que Houdini respondió que sólo lo haría frente al juez y el jurado, la condición se aceptó.

Harry practicó el escape por horas y varios días, así que cuando llegó la hora de hacer su demostración en la Corte, estaba muy bien preparado, le tomó unos cuantos minutos lograrlo y el juez dio por válida la prueba; el veredicto fue anunciado el día 26 de febrero y el policía debía ofrecer una disculpa pública a Houdini por las difamaciones que le había hecho; sin embargo, el abogado de éste interpuso una apelación, aunque esto ya no le importaba a Houdini, por lo menos, su escape no había sido detallado en los periódicos.

En marzo del mismo año, Harry se presentó en el Teatro Roanacher de Viena, pero ya extrañaba a su madre y su tierra, por lo que planeó un viaje rápido a los Estados Unidos de Norteamérica, hacía más de dos años que había salido de él, además, sentía que había llegado la hora de explotar su éxito en Europa realizando una gira en su país. A su llegada en abril, permanecería 10 días, pero estaría tan ocupado que apenas podría dormir una sola noche, el resto del tiempo, lo pasaría viajando y atendiendo sus asuntos, entre los cuales estaba visitar a su agente, Martín Beck.

Beck le aconsejó que se quedara en Europa mientras fuera requerido, era inútil buscar contratos en la unión americana le pagaban lo mismo que en el viejo continente, cuando allá estaba siendo requerido con gran demanda. Así que regresó a Europa y se fue de gira con el circo de Althoff, esta vez visitarían Holanda.

Holanda

A su llegada a Holanda, fueron recibidos por un maravilloso paisaje lleno de colorido y molinos de viento, estas construcciones le dieron la idea para un nuevo escape, ahora sería atado a las aspas de uno de estos gigantes y trataría de escapar cuando el aspa estuviera en el aire. El escape fue preparado, Harry fue atado a una de las aspas de un molino de viento, cuando ésta se hallaba en el aire, se rompió en dos y el escapista cayó al suelo, no se había roto ningún hueso, pero el escape había fallado, sin embargo, incluso este accidente resultó ser buena publicidad, pues todos los asistentes al circo hablaban de eso.

En junio, Houdini recibió una carta de un amigo, en ella incluía recortes de periódico en los que un escapista de nombre Engelberto Kleppini, decía que había sostenido un duelo con Houdini y que había derrotado a éste, cuando se había logrado liberar de unas esposas norteamericanas y Houdini había permanecido atrapado en unas de Kelppini;

según su relato, el duelo se había llevado a cabo en Holanda. Esta noticia ocasionó la ira de Harry, nunca había competido con ese hombre y ni siquiera lo conocía.

El director Althoff recibió a un alterado Houdini, quien le pidió tiempo suficiente para poner en su lugar a Kleppini, trató de calmarlo y le dijo que si se iba tendría que dejar el circo; pero esto no le importaba a Harry, tenía que poner a salvo su reputación, así que no había manera de detenerlo, y el director le dio 5 días para que solucionara el asunto. El Rey de las esposas regresó a su habitación y preparó una maleta llena de sus mejores esposas y tomó el primer tren a Alemania. Durante el camino, un peluquero arregló su cabello de manera diferente y le fabricó un bigote falso. Kleppini se presentaba esa noche en el circo Sidoli, cerca de Dortmund, su actuación comenzaba con un alegato acerca de cómo había vencido a Houdini, pero de repente, un anciano comenzó a gritar que eso no era cierto, el escapista comenzó a molestarse y le dijo al anciano que si quería podía apostar algo para respaldar su afirmación.

El anciano se levantó de su asiento y como si fuera un jovencito, dio un salto y cayó en la pista del circo, para este momento, los ánimos ya estaban encendidos, pero Kleppini pensaba sacar provecho de la situación, así que le preguntó al anciano que cómo sabía que no era cierto, así que el anciano se arrancó el bigote, reacomodó su cabello y grito ¡Por que yo soy Houdini!, el falso Rey de las esposas se quedó mudo. Harry sacó un manojo de dinero de su bolsillo y retó a Kleppini diciéndole que le daría cinco mil francos si escapaba de una de sus esposas y cinco mil más si yo no puedo escapar de las suyas, Kleppini se echó para atrás.

Harry regresó a su hotel y allí fue visitado al día siguiente por Herr Reuter, quien era el manejador del circo Sidoli, su idea era proponer un concurso entre los dos escapistas para ver quién era mejor, pero no le interesó al verdadero Rey de las esposas, así que Reuter tomó otra estrategia, y le preguntó a Houdini que si en caso de que Kleppini lo retara, aceptaría ponerse las esposas de éste; la pregunta había dado en el blanco, el orgullo de Harry se había encendido y contestó que sí. De inmediato se mandaron a imprimir panfletos en los que se anunciaba que Houdini aparecería esa noche en el circo para retar a Kleppini, quien sería esposado y se liberaría en cinco segundos.

Durante su visita a Houdini, Reuter le preguntó acerca del tipo de esposas que llevaría, Harry, previniendo que la visita del manejador no era meramente social, le mostró unas esposas francesas de combinación, para poder abrirlas se tenía que poner en línea una serie de letras, en este caso, la palabra era *CLEFS (claves)*, el manejador le pidió prestadas las esposas para mostrarlas a su consorte, y Harry, quien ya se había dado cuenta del plan de éste, se lo permitió, después de cuatro horas, las esposas fueron regresadas.

En la noche, la función había comenzado y era el turno de presentar el reto a Kleppini, quien había ensayado con las esposas y estaba seguro de poder escapar de ellas, además conocía la palabra clave, así que Houdini se le acercó con una maleta de esposas, no le causó ninguna sorpresa cuando éste escogió las mismas esposas que Reuter había pedido prestadas, así que el falso escapista se las puso y caminó hacia el gabinete, Harry gritó: "Damas y caballeros, que no los engañe, las esposas están abiertas y después él saldrá diciendo que las abrió". Kleppini regresó y le dio las esposas a Houdini, y le dijo que se las pusiera, que le iba a mostrar quien era él.

Harry se había dado cuenta de todo el engaño desde el principio, así que había puesto en marcha su propio plan, le colocó las esposas a su competidor y éste se dirigió al gabinete; entonces se dirigió al público diciendo que todos podían irse a casa ahora, pues Kleppini no iba a salir de allí en toda la noche, incluso, "si el circo cierra a las diez y media, le daré oportunidad de salir antes de las dos de la mañana". Habían pasado treinta minutos y Kleppini no daba señales de haberse liberado, así que los hombres de la pista lo movieron a un lado con todo y gabinete y la función siguió adelante. Ya eran las once de la noche y el escapista seguía atrapado, y el público se había ido en casi su totalidad, así que salió del gabinete y se dirigió a la oficina de Reuter, quien estaba furioso; allí, en presencia de un reportero, Houdini giró los cilindros de las letras y deletreó la palabra *FRAUD (fraude).*

Así había terminado con uno de sus competidores, aunque realmente no lo era, tan sólo era un patético artista de circo que se ufanaba de logros que nunca había obtenido, Harry sentía lástima por él. Representaba el peor tipo de espectáculo al que se podía asistir, su aspecto era patético, llevaba el pecho lleno de medallas, las cuales, probablemente, él mismo compraba. La última vez que lo vio, Kleppini llevaba medallas hasta en la espalda, su actuación se reducía a aparecer en el escenario y que la concurrencia se riera haciendo mofa de él; de haberlo sabido antes, Harry no se hubiera molestado en ir hasta el circo Sidoli a humillarlo, se hubiera conformado con que lo hiciera él mismo.

Veredicto final en Colonia

La apelación que el abogado de Graff había interpuesto se estaba ventilando en el juzgado, el policía alemán sostenía que Houdini no podía cumplir sus hazañas como lo publicitaba, por lo que no podría escapar de cualquier cosa, así que además de estar mejor preparado, Graff había traído consigo un candado, el cual había sido fabricado por un maestro mecánico de nombre Kroch, el cual, una vez cerrado, no podría volver a ser abierto. Harry aceptó el reto, pero pidió que se le diera privacía, por lo que fue llevado a una habitación contigua, y allí, tan sólo después de cuatro minutos, salió con el candado abierto.

Graff estaba colérico, el juez había sostenido la resolución de la previa corte de que el policía alemán era culpable, así que todo parecía haber salido bien, pero aún quedaba otra instancia a la que podía apelar. Houdini se encontraba trabajando en el Teatro de Palacio de Blackburn en Inglaterra cuando le llegó un telegrama de su abogado, la última opción para la apelación había fallado a su favor, por lo que Graff había sido multado con treinta marcos o seis días de prisión, además tendría que pagar los costos de los tres juicios y publicar un anuncio en los periódicos de Colonia pagando a cada uno de ellos de su bolsillo.

Esto resultó ser una nueva oportunidad para hacerse publicidad, así que escribió cientos de cartas en las que relataba lo sucedido, de cómo había salido airoso del proceso legal, y las envió a las revistas, periódicos, agentes y familiares de su país.

De regreso a Inglaterra

Habían pasado casi dos años desde que partió de tierra británica, así que tenía serias dudas de cómo lo recibirían esta vez, no pensaba que fuera a resultar tan impactante como la primera visita, pero se equivocaba, en esta ocasión rompería sus antiguos records de ventas. Como era su costumbre, había retado y vencido a la policía de Bradford, Blackburn y Halifax, sus prisiones le habían costado muy poco esfuerzo y se había liberado en cuestión de minutos, pero la policía le había prohibido decir en cuánto tiempo lo había logrado.

Sus contratos se extendían por varios meses, y un regreso a América parecía muy lejano, podría pasar hasta un año sin que tuviera un tiempo libre. Un detalle que favorecía a Houdini en su éxito en Europa, era su acento, hablaba alemán, húngaro y francés, además de inglés, pero el secreto estaba en el acento, eso lo hacía parecer simpático y el público le daba su confianza desde sus primeras palabras; esto es algo que siguen explotando los artistas de nuestros días, un caso concreto es el del mago David Copperfield, quien ha venido en varias ocasiones a México, y sabe cómo utilizar este recurso, su simpatía, aunada a su acento cuando intenta hablar español, lo hace parecer muy simpático y la gente se le entrega desde que comienza a hablar.

Seguía presentando la oferta de pagar 25 libras a quien le proporcionara unas esposas de las cuales no pudiera escapar; esto llevaba muchos aventurados voluntarios hasta los teatros. En cierta ocasión, en la ciudad de Blackburn, el director de la escuela de cultura física de esa localidad se acercó al escenario con varios ejemplares de esposas y presentó su reto a Houdini. Harry inspeccionó las cerraduras y se dio cuenta de que habían sido manipuladas, y se lo hizo saber al público, ahí les dijo que aceptaba el reto, pero que debían de otorgarle tiempo adicional para lograr su escape. El escapista se dispuso a que le colocaran las esposas y cadenas, mientras que Hodgson, el retador, sujetaba fuertemente sus manos, estaba utilizando más fuerza de la que era necesaria y Harry le dijo que era un reto para escapar, no para romper sus brazos, pero aquel tipo duro, no le hizo caso y siguió encadenándolo.

Harry había terminado de rodillas y con cadenas por todo su cuerpo, fue introducido al gabinete, habían pasado quince minutos desde que entró y no se veía señal alguna de que estuviera logrando escapar, así que su hermano levantó las cortinas y encontró a Houdini tirado de costado, así no se movía, y apenas en una voz audible, le pidió a Hodgson que lo levantara, pero éste se negó, así que Theo se adelantó y lo puso de rodillas otra vez. Ahora habían pasado cuarenta minutos, las cortinas fueron levantadas otra vez y Harry seguía atado, no había avanzado nada, así que pidió que las cadenas fueran aflojadas un poco, lo suficiente para que la sangre pudiera circular, pero Hodgson dijo que eso era un reto, no un romance; un doctor que se encontraba entre el público se acercó y dio fe de que los miembros de Houdini estaban azules, que necesitaba que la sangre circulara. Dijo que era cruel mantenerlo esposado por más tiempo, pero el retador sólo encogió los hombros.

Tras casi dos horas de aparente inactividad dentro del gabinete, súbitamente se vio una vigorosa sacudida y de entre las cortinas se asomó una mano, por fin estaba logrando su escape, acto seguido fue una pierna, después la otra mano y por fin salió liberado, su saco estaba desgarrado y de las muñecas le goteaba sangre; el público enloqueció, la ovación era sobresaliente, cuando se hizo el silencio en la sala, Houdini dijo que las cerraduras habían sido manipuladas de mala fe y que nunca había sido tratado de manera tan cruel durante un reto. Hodgson corrió a la estación de policía para que lo protegieran de la enfurecida multitud que amenazaba con lincharlo.

Esta amarga experiencia le hizo pensar en un reto al que nadie, aparentemente, se pudiera rehusar:

RETO DE 1000 LIBRAS
ABIERTO A TODO EL MUNDO

YO, HARRY HOUDINI, conocido como el Rey de las esposas, por fin me he cansado de los llamados "DETRACTORES" y de los "MAGOS MEDIOCRES", quienes afirman realizar MI ACTO gracias a que poseen muchas llaves falsas y resortes, así que LANZO UN RETO a cualquier persona en el mundo que pueda duplicar mis escapes de esposas, grilletes y camisas de fuerza bajo condiciones preestablecidas. Esto es, completamente desnudos, revisados minuciosamente, con LA BOCA COCIDA, con lo que se hace imposible esconder ganzúas, llaves o resortes de algún tipo, además de que deben escapar de cuantas esposas, grilletes o artículos de retención se les coloque.
Cualquiera que acepte el reto, me puede revisar y si encuentra algo en mí, así sea un broche para el cabello, entonces en ese momento se le entregará el dinero, así como yo poseo el mismo derecho sobre mi oponente. A cada competidor se le

permitirá asistir con un mecánico y un médico, de esta manera, las esposas que se utilicen podrán ser examinadas a conciencia, así como el cuerpo del competidor.

El comité que certifique la prueba deberá ser reunido de mutuo acuerdo. No se podrá abandonar la habitación para liberarse de las ataduras, por lo que se deberá utilizar un periódico como cortina para ocultar sus procedimientos, el cual también deberá ser examinado ANTES Y DESPUÉS *de las pruebas.*

El lugar donde se llevará a cabo la contienda será desconocido por los competidores y decidido por el comité, de esa manera, ninguno de los competidores podrá esconder algún artefacto en ningún lado. El mismo comité será revisado para que NO PUEDAN *auxiliar a los competidores. No se utilizarán menos de una docena de* ESPOSAS *diferentes, así como cinturones para enfermos mentales, camisas de fuerza y grilletes para las piernas.*

La cantidad de dinero ofrecida era muy tentadora, pero nadie quería que le cocieran la boca, por lo que el reto nunca fue aceptado.

Había llegado la hora de dar a Europa una segunda vuelta, así que regresó a casi todos los lugares donde ya había actuado, cuando llegó a Colonia, su reputación había crecido como él nunca lo había imaginado, la gente acudía a ver al escapista que había humillado a la policía alemana, mientras tanto, Houdini aprovechaba el tiempo libre para investigar acerca de magos alemanes de los cuales había escuchado hablar; este era el caso de Herr Alexander, cuyo verdadero nombre era Alexander Heimburguer y todavía estaba vivo.

Harry tomó el primer tren expreso a Münster y visitó al hombre de más de ochenta años, quien le recibió con muchísimo gusto, estaba muy contento de que aquel joven americano supiera tanto de sus días de juventud, le habló de los días dorados de la magia en Alemania, de cómo se había presentado ante un presidente de Estados Unidos y ante el emperador Dom Pedro II de Brasil, había sacado su libro de recuerdos y le mostraba cada recorte de él, Harry estaba intrigado por una duda, ¿podría ser que este hombre hubiera conocido a su ídolo, Robert Houdin? El abuelo respondió que lo había conocido, pero que no era tan ingenioso como todo el mundo creía.

Le habló de sus amigos: Tobías Bamberg (de la dinastía de los Bamberg), John Henry Anderson, ambos eran grandes magos y mejores artistas, pero le dijo que no había mago más ingenioso que Wiljalba Frikell, quien ahora tenía una edad cercana a los noventa años y vivía cerca de Dresden. Harry se despidió del anciano y partió, le escribió una carta a Frikell, en la que le decía que había estado con su amigo y que deseaba que lo recibiera para rendirle honores, pero la respuesta fue un tanto extraña, recibió una nota en la que decía que el mago estaba de gira; esto no era posible, pues hacía mucho que no se presentaba en público, así que decidió ir en persona a investigar.

Me permito comentarle que la dinastía Bamberg es una, si no es que la más importante dinastía de magos en toda la historia de la magia. Tobías Bamberg era la cuarta generación de magos, hijo de David Leendert, al igual que su padre, fue el mago oficial de la corte holandesa, su fluidez en cuatro idiomas le permitieron ser muy exitoso. El más conocido de los Bamberg fue Okito (Theo Bamberg) quien presentaba un acto silente de tipo oriental, sus contribuciones a la magia fueron muchas, entre las que destaca la famosa "caja Okito", la cual es una pequeña caja de metal del tamaño justo para poder guardar monedas en ella, y estas van apareciendo o desapareciendo de ella.

Abordó un tren con destino el poblado cerca de Dresden donde aquel enigmático mago vivía, a su llegada al pueblo, apenas eran las cuatro de la mañana y decidió esperar hasta que fuera una hora más prudente. A las ocho y media de la mañana, Harry se presentó a la casa de Frikell, una anciana lo recibió y le dijo que el mago no estaba en casa, tiempo después descubriría que esa mujer era la esposa de Wiljalba. Regresó a la estación de policía y allí le dijeron que conocían a Herr Frikell y que nunca recibía visitas, pero había adoptado a una niña, que ahora ya era una mujer y vivía cerca de allí, así que dirigió sus pasos a buscarla; cuado la encontró, ésta le dijo que su padre prefería vivir una vida solitaria.

Harry estaba decidido a ver a Frikell, así que contrató a un fotógrafo para tomar una fotografía en cuanto el mago asomara las narices, así que este hombre pasó horas y horas afuera de la casa del mago, esperando que éste saliera. La esposa del mago asomaba a la ventana de vez en vez y veía al fotógrafo y a Harry esperando en la calle, así que habló con el escapista; éste le dijo que quería escribir la verdadera historia de la magia, y quería hablarle al mundo de las grandes contribuciones de su esposo a este hermoso arte, los ojos de la señora se llenaron de lagrimas, pero la puerta permaneció cerrada.

Harry se marchó, pero continuó enviando cartas al mago, esta vez se encontraba en Rusia, y allí, una de sus cartas obtuvo respuesta, decía que Frikell disfrutaba mucho de una rara mezcla de Té, la cual no se podía obtener en Alemania, así que Houdini se lanzó a las calles hasta conseguirla, le envió y recibió una carta en la que le decía que la próxima vez que llamara, el mago estaría en casa para recibirlo. Su regreso al pueblo de Koetchenbroda se produjo el sábado 8 de octubre de 1903, se presentó en la casa Frikell a las dos de la tarde en punto, la hora exacta de su cita, encontró a un anciano delicado de salud pero feliz de recibirlo, le mostró sus recortes de periódico, sus fotografías con reyes y personajes importantes del mundo; súbitamente, se agarró fuertemente el pecho, y comenzó a gritar que algo pasaba con su corazón: su hora había llegado, Frikell moría frente a Houdini.

Tiempo después, la señora Frikell le confió a Harry que su esposo había escuchado las conversaciones que sostuvieron durante la primera visita, pero temía que fuera su hijo ilegítimo que le había estado amenazando por medio de cartas, es por eso que no lo había recibido. Houdini fue un gran coleccionista de artículos y libros de magia, hasta la fecha. La colección más importante de sus cosas la posee el mago norteamericano David Copperfield, quien tiene un museo privado, en el que se encuentran vestuarios, esposas, documentos y libros del gran escapista, además de varios artistas de talla mundial.

6

Rusia imperial

Moscú

La ciudad de Moscú no le pedía nada a París, había grandes centros de espectáculos, grandes restaurantes y centros nocturnos. Las personas de buena posición económica eran asiduas a los espectáculos y obras de teatro. Todo parecía un sueño color de rosa, pero el destino, pronto teñiría aquel sueño de color rojo, color sangre, ya que el Zar Nicolás II, no tenía ni idea que sus súbditos habían estado fraguando una insurrección, así que el clima político de esta ciudad era perturbador. El jefe de policía de Moscú tenía poder absoluto sobre el área de entretenimiento y si algún artista tenía alguna desavenencia con él, éste podía hacer que se marchara del país en menos de veinticuatro horas.

Cuando Houdini llegó a la ciudad, iba en un carruaje cuando se cruzó con un convoy de prisioneros que iban a Siberia, todos ellos considerados enemigos del estado, pero lo que más llamó su atención fue el carro donde los transportaban, era una especie de prisión portable, así que Harry la estudió tratando de encontrar algún punto débil y semanas después lo tenía todo planeado, iba a escapar de una de esas cárceles portátiles. Su primer contacto con la policía se produjo de manera accidental, ya que su charla para el espectáculo estaba en polaco, no en ruso, así que una nueva traducción tuvo que ser elaborada de inmediato. Cuando estuvo lista, Harry la memorizó y se fue a un parque a practicar, hablaba en un volumen alto, tal y como lo haría en el escenario, así que la policía llegó y le arrestó por perturbar el orden público.

Su esposa y el gerente del cabaret donde se presentaría llegaron hasta la cárcel y le explicaron a los policías que Houdini no estaba loco, que era un artista y estaba ensayando sus diálogos, y así lograron que lo soltaran, pero Harry aprovechó la situación para ganarse a los guardianes del orden, les había hecho efectos con cartas y convenció al jefe del servicio secreto ruso, un hombre de apellido Lebedoeff, de que lo dejara escaparse de una de sus cárceles portátiles, y se fijó le fecha del 11 de mayo. Ese día no había reporteros, Harry fue examinado de pies a cabeza, como nunca lo habían hecho, le colocaron dos bandas de metal unidas por una más chica en las muñecas, un par de grilletes unidos a las esposas por una cadena, de la misma manera que había visto en los presos.

Harry salió libre en veintiocho minutos, los policías estaban muy enojados, no podían explicarse cómo había salido, las esposas estaban en el suelo de la cárcel, y la puerta de salida aún estaba cerrada, así que voltearon a ver al ayudante de Harry, un joven de nombre Franz Kukol, quien se había mantenido a buena distancia del carro, así que también lo revisaron de arriba abajo, pero tampoco encontraron nada, Harry estaba feliz, y le pidió al Lebedoeff que le firmara un certificado de escape, pero este se negó, bastante malo era que se hubiera escapado, además era americano y no le iba a dar promoción a aquel suceso pero la voz comenzó a correrse y la publicidad hizo su trabajo, la estancia de Houdini en ese país resultaría un gran éxito.

La presencia de Houdini en el escenario parecía la de un aristócrata, incluso se comentaba que en su país Harry era un millonario, así que esto, aunado a su reputación y éxito, le hicieron ser contratado para una fiesta privada en el Palacio Kleinmichel, donde trabajaría ante el Gran Duque Sergius y la nobleza rusa. Su actuación comprendía un tiempo de hora y media, en el cual hacía sus escapes y una rutina de clarividencia con su esposa Bess, esto impactó tanto a la duquesa, que le suplicó que le enseñara, y después de unos minutos, la noble mujer estaba haciendo un pequeño acto también. Los nobles habían quedado más que satisfechos con los artistas norteamericanos, así que le regalaron a Houdini una cubeta para champagne recubierta de joyas, la misma que alguna vez perteneció al conde Konstantin Kleinmichel, y se estimaba su valor en más de cinco mil dólares, pero además, había logrado que la duquesa fuera una de sus ayudantes.

Durante su estancia en Moscú, Harry conoció a T. Bolin, un francés experto en la fabricación de ilusiones para escenario (grandes aparatos, como el que se utiliza para cortar a una mujer en dos), las paredes de su estudio estaban cubiertas de posters de algunos magos a los que había ayudado y admirado, este hombre le dijo a Harry que Robert Houdin no era tan inteligente y original como su biografía lo dice.

El cuatro de julio, Harry y su esposa fueron invitados a una fiesta en la embajada norteamericana. Ese mismo año Houdini incursionó en una rama de la cerrajería que no le era ajena, pero la cual no había practicado, se trataba de abrir cajas fuertes; esto sucedió cuando los hermanos Kirhoff habían sido contratados para abrir una caja fuerte cuya combinación había estado perdida por catorce años, además se les había prohibido utilizar dinamita, ya que podría dañar los objetos de valor que contenía. Harry fue contratado por aquellos hombres, así que trabajó por más de nueve horas, hasta que logró abrir la puerta, adentro se encontraban joyas por más de 210,000 dólares, y él sólo cobró 750 dólares por sus servicios.

Las ofertas de trabajo le llovían y por cantidades de dinero que no podía rechazar, pero tenía encima su regreso a Holanda, así que firmaba contratos con la condición de poder cancelarlos si su estreno en aquel país se podía postergar, pero unos días después, llegó un telegrama en el que le decían que era imposible, así que firmó un contrato por tres semanas en la feria anual de Nizhni Novgorod. A esta celebración acudían comerciantes de toda Europa y Asia para mostrar sus productos. En esta ciudad, mejor conocida como Gorky, la policía tenía el control absoluto, las mujeres no podían asistir a espectáculos, e incluso Harry tuvo que conseguir un permiso especial para que su esposa pudiera ayudarlo en el escenario.

No se permitía fumar en las calles y los juegos de azar estaban prohibidos, incluso algún mago había tenido que utilizar en su pasaporte un aviso en el que se le prohibía jugar naipes con extraños. Durante sus días en Rusia, Houdini investigó el paradero de la tumba del gran mago Pinnetti, quien había realizado maravillas mecánicas antes que Houdin, incluso había logrado fabricar un autómata que adivinaba cartas, así que el escapista norteamericano deseaba poner una corona de flores en su tumba, pero cuando la información llegó, ya era demasiado tarde, debido a su inminente regreso a Holanda, le resultaba imposible visitar la tumba de su colega.

Una vez que Harry y su esposa subieron al tren, lo que más deseaban era cruzar la frontera, al hacerlo, Harry dijo que ahora sí podía respirar con libertad, pues vivir en Rusia era como vivir en una suave prisión, nunca más volvería a ese país.

Innovaciones

Harry había encontrado el equilibrio perfecto en el escenario, su acto de retar al pueblo o ciudad a que le presentaran esposas de las cuales no pudiera liberarse era algo difícil, si presionaba demasiado, el entusiasmo de la gente se iría con

Ilustración del escape de Harry Houdini de una cárcel portátil en Rusia.

el retador y se perdería todo interés por su persona, así que estaba en plena madurez como artista. Amaba la controversia mientras que otros artistas la evitaban, ansiaba cualquier cosa que aumentara el sentido dramático de su presentación, y sabía cuando algo así estaba por ocurrir, como cuando lo retaba algún competidor disfrazado de persona común, él sabía por la manera en que estos tipos lo ataban o esposaban, cualquier persona se tomaba poco trabajo para hacer un nudo, mientras que un competidor sabedor de las técnicas de escapismo, hacía todo lo posible para evitar que su colega escapara.

En sus constantes escapes de las cárceles de las ciudades, Harry comenzaba a hacer cosas nuevas. En una ocasión lo desnudaron y así escapó de una celda y abrió otras nueve, en otro escape, salió de su celda desnudo y abrió otra en la cual estaban sus ropas y salió por una puerta que tenía una cerradura de siete cilindros (cilindros se les llama al conjunto de piezas circulares que contienen unas pequeñas puntas de metal que permiten el giro de la llave cuando se usa la cerradura). Dos semanas después de este incidente, Harry escapó de su celda y sacó a otro prisionero para meterlo en otra celda, lo aseguró de tal manera, que la policía tuvo que pedirle que abriera la celda antes de irse.

Estos escapes le daban mucha publicidad, pero también se la daban los escapes sobre el escenario, en cierta ocasión le hicieron utilizar esposas y grilletes que habían sido usados por grandes criminales, todo el "ajuar" pesaba más de setenta kilos y tan sólo le tomó siete minutos escapar. En otra ocasión, el periódico llamado *Daily Illustrated Mirror* lo retó con unas esposas que habían mandado fabricar especialmente para ese día, el teatro estaba lleno, y se escapó en tan sólo una hora y diez minutos. Pero tanto trabajo estaba haciendo mella en la salud del Rey de las esposas, todos los días salía de noche con rumbo a su hotel, pero siempre salía empapado de sudor debido a los grandes esfuerzos que realizaba, así que la brisa nocturna lo había debilitado y le ocasionó una severa gripe.

El médico lo revisó y le ordenó guardar reposo, así que ahora tenía algo de tiempo libre para organizar toda la papelería que había coleccionado, incluso, aprovechó que no podía salir de su habitación para que un reportero lo visitara y durante la entrevista, el reportero comentó que Houdini tenía una gran cantidad de información acerca de viejos y desaparecidos artistas de la magia. Esto llegó a los oídos de Henry Evanion, quien en su juventud había sido un mago, y llamó a Houdini, diciéndole que poseía gran cantidad de posters de varios magos, los cuales no podría conseguir en ningún lado, lo que interesó a Harry y le dijo que lo llamara al día siguiente como a la una de la tarde.

El día siguiente Harry esperó tres horas más de la que habían quedado. Ahora eran las cuatro de la tarde y el anciano no llamaba, así que siguiendo el consejo de su médico, salió a tomar un breve paseo, pero al pasar por el lobby del hotel, el encargado le dijo que había un caballero que lo había estado esperando desde la una de la tarde pero no le habían avisado debido a lo humilde de la apariencia del desconocido. Harry se acercó al anciano, quien le dijo que tenía algo que le debía interesar y sacó un gran sobre con posters de varios y grandes magos, había ilustraciones de Robert Houdin, Pinetti, Anderson y varios más. Harry sabía que esto era una verdadera oportunidad, ya que estos artículos son invaluables.

Harry acompañó a Envion a su hogar, el cual se encontraba en el sótano de un viejo edificio, allí vivía el mago retirado junto con su esposa, donde le mostró pósters que le había regalado el gran James Savren, quien había sido un barbero aficionado a la magia y años después trabajó presentando los efectos que había visto en sus ídolos. Evanion, un hombre de 72 años, había pasado su vida coleccionando memorabilia de los grandes magos de su época, cuando ya no pudo trabajar y la situación financiera se volvió precaria, vendió gran parte de su colección a los museos. Harry y el anciano pasaron mucho tiempo admirando la colección de este último, eran las tres de la mañana cuando Theo y el doctor lo encontraron sumido en aquellos invaluables documentos y se lo llevaron a su hotel, pero antes, Houdini había adquirido una gran cantidad de los papeles de Evanion.

Harry realizó algunas presentaciones más y después se fue de vacaciones a Nueva York, pero antes de partir se volvió a entrevistar con Envion, y adquirió otra dotación de posters y documentos valiosos. Los Houdini viajaban en segunda clase, Beck, su agente en Norteamérica, había estado de visita en Inglaterra para buscar nuevos actos, cuando se dio cuenta de que su gran estrella viajaba en segunda clase, le ofreció pagar la diferencia para que viajaran en primera, pero Harry le dijo que para qué viajar en lo mejor, si de todos modos, el mar lo hacía sentir fatal.

En Estados Unidos se había formado una sociedad de magos, una de las más antiguas en ese país, se trataba de la S.A.M. (Sociedad Americana de Magos); la finalidad de ésta era promover el interés público en atracciones de magia, así como ponerse al corriente de las novedades que se desarrollaban en el negocio. Harry había escuchado de esto y mandó una solicitud de inscripción, había sido aceptado y dos días después de haber llegado a la "Gran Manzana", fue iniciado, aunque más bien su ceremonia parecía una fiesta y no un ritual. Una vez que las visitas se terminaron, Harry tuvo oportunidad de buscar una casa, la cual encontró en la sección alemana de Harlem, quería que su madre se mudara a la nueva residencia, pero ella se oponía a dejar a sus amigos y los recuerdos de casi toda una vida, pero amaba a su hijo y no le gustaba contrariarlo, así que dejó su pequeño departamento y se mudó a la nueva casa, la cual tenía un valor de 25,000 dólares.

Cecilia se sentía pequeñita en aquella enorme casa, había demasiadas habitaciones y tan pocas cosas para la casa, pero esto no duró mucho tiempo, ya que días después de su arribo, comenzaron a llegar cajas y cajas desde Europa, eran todos los libros y demás documentos que Harry había adquirido en el viejo continente. Tenía la idea de que cuando fuera demasiado viejo para poder actuar, dedicaría todos los días que le quedaran a escribir acerca de la magia, y con tantos libros, no tendría que sufrir buscando material, todo estaría al alcance de sus manos.

Entre sus prioridades en Nueva York estaba comprar un mausoleo para su familia, así que adquirió uno en el

Esta fotografía nos ofrece una idea de la cantidad de libros y trabajo que tenía Harry Houdini.

cementerio de *Ciprés Hill*, Brooklyn, e hizo llevar a ese lugar los restos mortales de su abuela materna, su padre y su hermano Herman; él mismo supervisó los trabajos. Mientras vagaba conociendo el cementerio, encontró la tumba de un mago cuyo nombre era Signor Antonio Blitz: este mago había actuado para Abraham Lincoln durante el tiempo de la guerra civil y ahora se encontraba a pocos metros del mausoleo de su familia.

Había pasado gran parte del tiempo visitando a agentes teatrales, a su amigo y representante Beck, pero había llegado el momento de regresar a Europa, así que una delegación de magos de la S.A.M. fue al muelle para verlo partir. A su llegada a Inglaterra, tenía previsto iniciar una temporada en el Zoo Hippodrome, pero la empresa del grupo de espectáculos Moss, interpuso una demanda alegando que Houdini tenía un contrato de exclusividad con ella, y que ahora lo incumpliría al presentarse en teatros rivales; la demanda fracasó, sin embargo, esto desató una serie de comentarios que lo convirtieron en la comidilla de la ciudad.

En su nueva temporada en este país los retos se volvieron más difíciles; el primero de estos retos fue una nueva clase de camisa de fuerza creada por Lockie, Graham & Co. Le tomó quince minutos pero logró salir airoso de la prueba. El siguiente reto fue de los carpinteros J & G Findlay, quienes mandaron a ocho hombres a construir una caja en la que Houdini sería encerrado y la tapa clavada, pero esto no era todo, ya que la caja sería levantada a varios metros de altura sobre una plataforma y rodeada por una cortina para demostrar que no tendría ayuda alguna, así que después de casi veinte minutos, Harry salió de la caja y bajó de la plataforma; la concurrencia estaba enloquecida.

Los carpinteros corrieron a bajar la caja y encontraron que la tapa seguía clavada y la caja no había sido fracturada o abierta, Houdini salió cargado en hombros del teatro y hasta su habitación, como la multitud seguía frente a su hotel una hora después de haber terminado el espectáculo, decidió abrir la ventana y dirigirle algunas palabras; logró que todos se retiraran a sus casas. Los competidores seguían apareciendo por todos lados, esta vez era el turno de Carl Mysto, un escapista que alegaba que él era superior a Houdini, lo que provocó la ira de Harry. Las noticias y rumores corrían rápidamente, decían que Mysto presentaba el escape de un ataúd diciendo que Houdini nunca podría realizarlo, así que el ofendido Rey de las esposas preparó un plan para defender su reputación y su orgullo.

Harry pasó mucho tiempo investigando quién era el carpintero que le había construido el ataúd a su rival, así que cuando lo encontró, le pagó casi tres libras para que le construyera un duplicado exacto, y una vez que lo tuvo en su poder, llamó a una conferencia de prensa y expuso los métodos de su competidor, les dijo cómo, al sustituir los tornillos del fondo por unos mucho más cortos, lograba desprender el fondo y escapar. Los periódicos hicieron un escándalo de la noticia y Mysto tenía ahora sus quince minutos de fama, ahora era contratado por circos de segunda y lugares bajos para trabajar.

Otro detractor apareció, su nombre era Frank Hilbert,

nunca logró hacerse de un nombre como escapista, así que ahora se dedicaba a exponer los secretos de Houdini, además cobraba mucho más barato que Harry y eso le ayudaba a conseguir algunos contratos. Houdini no estaba dispuesto a que siguiera manchando su reputación, sin importar que los secretos que contaba fueran ciertos o no, así que volvió a disfrazarse de anciano y se presentó en una actuación de su rival, y cuando éste comenzó a exponer los supuestos métodos de Houdini, aquel anciano se levantó y gritó que era mentira, que el tipo era un fraude, pero los guardias de seguridad del teatro se acercaron y lo sacaron cargando.

Pero la vida le daría otra oportunidad al famoso escapista de acabar con su rival, ahora coincidieron en teatros rivales, era el mes de abril y ambos solicitaron al comisionado de policía, Constable Sonclair, que les permitiera escapar de sus instalaciones, así que tras la aceptación del funcionario, Harry y Hilbert se presentarían para realizar el escape el mismo día y a la misma hora; el único que se presentó fue Houdini. Habían decidido esperar algunos minutos para que llegara el otro retador, que nunca apareció, así que Harry se puso a trabajar, fue desnudado, revisado y encerrado en una celda, los demás se retiraron a otro sitio y apenas se iban a cumplir seis minutos de espera cuando todos vieron salir a un Houdini, vestido y sumamente tranquilo.

Todos los retos traían nueva publicidad y una inyección importante de dinero a su cuenta bancaria, su salario en los grandes circuitos del espectáculo europeo llegaba a 750 dólares, pero algunas veces trabajaba por porcentaje, es decir que en lugar de cobrar un salario, llegaba a un acuerdo con sus empleadores para que le dieran un porcentaje sobre las entradas vendidas, cuando esto pasaba, algunas veces recibía hasta 2500 dólares por semana, lo que era una cantidad poco usual para un artista. Cuando actuaba en Londres, solía visitar a su amigo Evanion, y cada vez que lo hacía, adquiría más material de la colección de éste. En cierta ocasión Harry recibió un telegrama de la esposa de Evanion, éste se encontraba en el hospital y su estado era muy delicado.

Houdini se apresuró a llegar al hospital, cuando llegó, encontró a su amigo tendido en una cama, apenas podía hablar, le dijo a Harry que estaba muy preocupado por el bienestar de su esposa, pero el escapista le aseguró que ella no tendría nada de que preocuparse, y una vez dicho esto, el anciano sonrió y le dijo que le tenía una gran sorpresa, se trataba de un hato de posters publicitarios de su ídolo, Eugene Robert Houdin.

Las camisas de fuerza

Harry había elaborado la técnica para escapar de las camisas de fuerza, pero fue su hermano Theo, quien accidentalmente descubrió el potencial dramático de este escape. En cierta ocasión, Hardeen se presentaba en un teatro en Gales, iba a presentar su escape de la camisa de fuerza, así que solicitó a varios miembros de la concurrencia para que lo ayudaran a colocársela, después, pidió que se colocaran alrededor del gabinete para que certificaran que nadie lo ayudaba, Theo ingresaba en el gabinete y quince minutos después, salía, el público apenas aplaudía, de hecho, se comenzaba a escuchar un breve rumor, todos pensaban que alguien le había ayudado, así que la gente gritó que lo volviera a hacer pero sin cortina, Hardeen estaba rendido, los músculos le dolían por el esfuerzo, sabía que si lo intentaba en ese momento quedaría atrapado en la camisa, así que les dijo que dos noches después lo haría, se escaparía sin utilizar cortina alguna, todo sería a la vista del público.

Dos noches después, el teatro estaba lleno, no cabía ni un alma. Theo estaba en el escenario preparado para presentar su escape por segunda vez, ahora sería a la vista del público, mientras le colocaban la camisa de fuerza, el escapista gritó que al terminar su escape, esperaba que aquellos que lo habían insultado al dudar de su capacidad y honor, ofrecieran una disculpa. El escape comenzó, Theo estaba perfectamente sujeto a la camisa de fuerza, así que comenzó a sacudirse, cayó de rodillas y comenzó a rodar por el suelo, sus brazos se soltaron y lograron cruzar por encima de su cabeza, sus dedos habían asomado por la parte baja de la camisa y alcanzó las hebillas y las abrió, ahora, tras quince minutos, estaba libre, lo que ocasionó una gran respuesta del público.

Al día siguiente, era la primera noticia de todos los periódicos, así que recortó algunos de estos ejemplares y se los envió a su hermano, quien se dio cuenta de las enormes posibilidades que esto ofrecía, ya que todos sus escapes eran realizados detrás de una cortina, así que ahora la gente podría ver el enorme esfuerzo que se tiene que realizar para escapar de una camisa de fuerza. Desde las primeras veces que presentó este escape sin cortinas, la gente se volvió loca, la respuesta era magnífica, casi tan buena como su acto de la "metamorfosis".

Había llegado el fin de sus días en Europa, ahora podría regresar a su país, así que la noche de su última presentación, dirigió algunas palabras

Theo Weiss, Hardeen, en esta fotografía donde muestra la colocación de la camisa de fuerza.

de agradecimiento al público y éste le respondió con una gran ovación. A la salida del teatro lo estaban esperando sus admiradores y lo llevaron en hombros hasta su hotel, allí revisó su equipaje y salió con rumbo a Inglaterra donde abordaría el barco que lo llevaría a América. Las demostraciones de cariño de la gente y los recuerdos de los amigos fallecidos y las duras pruebas que pasó le hicieron llorar, pero habían pasado cinco años desde que salió de su país y ahora lo esperaban nuevos horizontes.

7

América

De regreso a casa

Durante los cinco años que Houdini estuvo fuera de su país, escapistas habían aparecido por todos lados, el más prominente de todos era un hombre llamado Robert Cunning, quien decía haber nacido en las llanuras salvajes del oeste, además clamaba haber escapado de más de 30 esposas en el último año, y todas ellas habían sido colocadas por policías. Declaraba que se podía escapar de cualquier cárcel, por lo que llevaba su propia cárcel a sus presentaciones, esto dejaba mucho que desear. Harry y Theo acudieron a una de las presentaciones del que se hacía llamar "El escapista de cárceles", el 11 de septiembre de 1905 en el teatro Hyde & Behmen en Brooklyn.

Cunning había copiado la fórmula descubierta por Houdini, pedía al público que si había alguien que quisiera retarlo podía subir al escenario para mostrar sus esposas, así que Theo subió al escenario con un par de las esposas de Houdini; Cunning las rechazó diciendo que no eran reglamentarias. Hardeen insistió y dijo que daría 50 libras a una institución de caridad si podía escaparse de las esposas que le presentaba; el manejador del teatro escuchó el reto y salió al escenario diciendo que él apostaba cien dólares a que su artista lograba escapar, pero el escapista se negaba a realizar la prueba y el público comenzaba una severa rechifla cuando de repente, alguien golpeó a Theo; la pelea se estaba generalizando, hasta que un policía llegó hasta el escenario y arrestó al hermano de Houdini por conducta desordenada.

Harry pagó la fianza y un juez desechó el caso alegando que era un claro asunto de publicidad, pero esta no era la última palabra de Harry. La siguiente vez, fue en el Seamon´s Music Hall en Harlem, el momento en el que Cunning ofrecía salir airoso de cualquier reto. Varias personas del público habían subido al escenario y Cunning dijo que uno de los retadores era el hermano de uno de sus rivales, y que no aceptaría sus esposas, pero el público presionó y tuvo que aceptar el reto; se retiró al interior de su "cárcel" (una jaula en el escenario) que fue cubierta con una cortina; los minutos pasaban y no salía, así que la concurrencia comenzó a gritar que lo sacaran del escenario y en esos momentos salió el escapista, pero sólo una de sus manos había sido liberada, así que uno de los retadores comenzó a exigir que le devolvieran sus esposas, incluso intentó subir al escenario, pero los ayudantes se lo impidieron.

El retador tuvo que esperar por mucho tiempo en el recibidor del teatro para que le devolvieran sus esposas; cuando se las dieron, estaban arruinadas, los dientes de brazo que permiten que sean cerradas con llave, habían sido limados. El manejador del teatro solicitó que aquel alborotador fuera arrestado, y un juez desechó el juicio. El nombre de aquel hombre era William G. Weiss, hermano de Houdini.

Harry aun no sentía que fuera momento de iniciar una temporada, la gente aún no sabía mucho de él, así que se le ocurrió realizar una hazaña publicitaria. Anunció que su alumno y amigo Boundini y él, realizarían una competencia; se trataba de un escape bajo la superficie del mar, ambos apostaban quinientos dólares al resultado. La prueba se realizó el 20 de septiembre a las tres de la tarde, ambos competidores subieron al bote *Friedrich B. Dalzell*, esposados de pies y manos, atados con cuerda gruesa y así fueron arrojados al mar.

El sitio estaba lleno de reporteros y fotógrafos quienes esperaban ansiosos a que alguno de ellos saliera, así que un minuto y medio después de haber sido lanzados al mar, Houdini se asomó y preguntó si su competidor ya había salido, la respuesta fue negativa, Harry agitó las manos en el aire para que las vieran libres y se sumergió de nueva cuenta; un minuto después, Harry volvió a salir a tomar aire, la pregunta y respuesta fueron las mismas y se volvió a sumergir, esta vez mostró un pie para que vieran que ya lo había liberado, se volvió a sumergir y un minuto después salió libre de sus ataduras. Boundini estaba medio muerto cuando lograron sacarlo del agua, sus ataduras seguían en su lugar y había tragado mucha agua, tuvieron que darle respiración artificial para que reaccionara. Los reporteros comentaban que la prueba sólo era una excusa para que Houdini se luciera, pero aun así, la historia iba a ser un gran golpe publicitario.

Por fin, Harry logró un contrato en el Colonial Theater en Manhattan; su presentación sería el 2 de octubre, ahora no era más aquel jovencito inexperto y sin ritmo que había intentado todo por salir adelante. Se había convertido en un artista completo, con la experiencia que sólo los escenarios pueden dar. Al término de dos semanas se mudó al Teatro Orpheum en Brooklyn, y de ahí, comenzó una gira por Detroit, Búfalo, Cleveland, Rochester y Washington, lugar donde su éxito comenzó en su país.

En ese estado, logró que le permitieran escapar de una de las celdas, de hecho estaba en la misma celda que Charles J. Guiteau, el asesino del presidente Garfield. Cuando logró salir de la celda, Houdini movió a todos los prisioneros del ala de asesinos, a todos los cambió de celda y cuando hubo terminado, se vistió y salió caminando tranquilamente a la oficina del alcalde de la prisión, donde todos esperaban su regreso. Cuando entró en la oficina, todos estallaron en aplausos, y le entregaron dos certificados de su escape, uno firmado por el alcalde de la prisión y otro firmado por el superintendente.

Cuando llegó a Boston, su fama se había incrementado, por todos lados se escuchaban historias acerca de lo que había hecho en la capital del país y también sus triunfos en Europa, antes de partir al viejo continente realizó una temporada de tres semanas en el Teatro Keith y ahora había cumplido siete. Su repertorio se había incrementado, ahora presentaba el escape de un barril cerrado con candados y rodeado de anillos de acero el cual era introducido en una caja de madera, y en cinco minutos, Houdini salía de las cortinas; cuando el barril y la caja eran revisados, podían ver que todavía tenían puestos los candados, pero cuando sacaban el barril para revisarlo, encontraban que en su interior estaba el asistente de Houdini, Franz Kukol. Los actos con cajas cerradas siempre daban mucho de qué hablar, por ese motivo, Harry siempre insistía en que fueran llevadas al recibidor del teatro para que el público las revisara.

En otra ocasión una compañía de Rattan lo retó a escapar de una cesta con refuerzos de acero, a ésta le cubrían las cerraduras con sellos de papel y era amarrada con una cadena, una hora y veinte minutos después, Houdini estaba libre, las cerraduras y demás cosas estaban intactas. El escape más famoso de Houdini en Boston fue cuando lo dejaron escapar de la cárcel del estado, allí fue encerrado en una celda, su ropa en otra y cuando salió de una, se fue a vestir a la otra, pero esta vez en lugar de ir a la oficina del alcalde, salió corriendo a través del patio y brincó una enorme barda, y una vez libre, se fue al teatro y de allí, telefoneó a la prisión; nadie lo podía creer, los reporteros le rogaban que regresara para poder tomarle fotos.

Cuando llegó el día de su cumpleaños el Teatro Keith realizó una matinee de gala, en la que le fue obsequiado un enorme arreglo floral en forma de esposas y él mostró lo que su empleador le había regalado, se trataba de un majestuoso reloj de bolsillo de la prestigiada marca *Tiffany´s,* el cual tenía un valor de poco más de 1000 dólares. A pesar de tener un horario de trabajo sumamente complicado, Houdini se dio tiempo para escribir y publicar un libro titulado *La manera correcta de hacer las cosas equivocadas,* en el que exponía los secretos de ladrones, carteristas y demás criminales.

Había llegado el momento de andar por los caminos de diferente manera, ¿por qué dejar que los empresarios se llevaran todo el dinero con su presencia? Así que decidió formar su propia compañía, con ella haría una breve y limitada gira por el país, el éxito le sonreía, pero en mayo anunció que la gira se terminaría en ese mes, y que en agosto retomarían las presentaciones. Sin embargo, a él le gustaba el Vaudeville. Había estado en contacto con la revista especializada de magia *The Sphinx,* quería que publicaran su Historia de la Magia, pero retrasaban cada vez más el proyecto, así que Harry se desesperó y comenzó su propia revista, se llamaba *Monthly Conjurors Magazine,* se editaba cada mes y el primer número se publicó el 15 de septiembre de 1906.

Aunque parezca increíble, en sus páginas Houdini arremetía contra Robert Houdin, quien había sido su ídolo, ahora era objeto de su resentimiento, pues cuando la viuda e hija de éste se negaron a recibirlo, su orgullo fue herido, pero además, su investigación y los comentarios de Envion le hicieron ver que no era tan original como se creía, así que lo expuso y declaró que no debía ser considerado ni llamado "El padre de la magia moderna", ahora renegaba de haber escogido "Houdini" como su nombre artístico, pues según sus propias palabras, el francés no era un gran mago, sólo era un poco mejor que los demás.

Harry aprovechaba las páginas de su revista para revelar algunos secretos sobre escapismo, pero también apoyaba la crítica hacia sí mismo, por eso publicó una carta que le

El Mago de quien Harry tomó su nombre, Robert Houdin, se volvería objeto de sus criticas en los años por venir.

había sido enviada al teatro Keith, era de un hombre que le reclamaba que Houdini exponía a los médium, astrólogos y demás personas como si fueran unos charlatanes, pero en realidad, ¿Houdini representaba algún bien para la humanidad? Su escape de la prisión de Yorkville fue minimizado gracias a la historia poco probable de un par de policías, quienes según sus propias palabras, habían visto por el agujero de la cerradura a Houdini mientras escapaba, dijeron que lo vieron sacar algo de entre los dedos de sus pies y que con eso había abierto la cerradura de su celda.

Así que varios magos resentidos por las opiniones de Harry en su revista, mandaron recortes de periódico con la noticia al director de la revista *The Sphinx,* el Dr. Wilson, quien resentido por la competencia de la nueva publicación, publicó la nota, además de que pensaba que Harry era un advenedizo que utilizaba el poder de su revista para destrozar a sus enemigos y aumentar su ego. Pero las personas seguían asistiendo al teatro a presenciar su actuación, incluso los detractores le pusieron más atención que antes. Cuando llegó al Teatro Chase en Washington, sus escapes aumentaron de dificultad, ahora se le presentaba un reto al que nunca se había enfrentado, tendría que escapar de un sobre de papel tamaño gigante, cuando lo hizo, el sobre estaba intacto, no tenía ningún orificio por el cual hubiera podido salir

Houdini ya había partido cuando un profesor de educación física de nombre Maurice Joyce, reunió a una gran cantidad de gente en el teatro Columbia, bajo la promesa de exponer los secretos de Houdini. Afirmaba que las cajas eran trucadas y el sobre de papel era un duplicado, pero los fabricantes del sobre estaban entre el público y en cuanto oyeron aquella declaración, se levantaron y lo llamaron mentiroso; uno de ellos le dijo que el sobre había sido fabricado de una hoja entera de papel y que no había duplicado alguno.

Harry Houdini tenía un lema que lo acompañaría por toda su carrera y que además resume su pensamiento publicitario:

"No importa lo que digan de mí, siempre y cuando, escriban bien mi nombre".

8

Nuevos retos

Temeridad sin límites

El último tercio de 1906 fue difícil para Houdini. En la ciudad de Detroit fue retado por un policía quien le presentó unas esposas que habían sido adulteradas y no trabajaban bien, por lo que se negó a utilizarlas, pero la presión del público era tanta que accedió, se metió al gabinete y salió casi dos horas después; sus muñecas estaban seriamente lastimadas y su mujer estaba llorando. Después fue retado a escapar de la cárcel del condado de Wayne, pero al inspeccionarla, se dio cuenta de que era imposible sin utilizar ayuda del exterior, así que para salvarse, dijo que no podría hacerlo porque al otro día iba a saltar del puente Kukol, fue a la policía, pidió una larga cuerda, y se dirigió al puente con varios policías acompañándolo.

Harry estaba allí, había escrito en un sobre: "Se lo dejo todo a Bess" y varios policías pusieron su firma como testigos, y se lo dieron a Kukol para que lo guardara; la gente también había acudido hasta el puente para ver a Houdini, estaban ansiosos por ver lo que iba a suceder, así que el escapista se comenzó a quitar la ropa, sólo se quedó en calzoncillos, era invierno y el aire estaba helado, así que Harry temblaba de frío, dos pares de esposas le fueron colocadas y un extremo de la cuerda le fue atado a la cintura, posó brevemente para las cámaras y saltó del puente a una altura de veinticinco pies.

La gente se estremeció al verlo entrar en el agua helada, pasaron algunos segundos y Harry no salía, pero, súbitamente y como si lo estuvieran empujando desde abajo, salió del agua, estaba libre y visiblemente cansado, el frío lo había debilitado, pero aún así, nadó varios metros hasta un bote que lo esperaba. Bess no sabía nada del salto, así que cuando lo vio regresar al hotel todo mojado le preguntó qué había pasado y él le contó todo, lo que ocasionó que ella se pusiera furiosa, no la había considerado para nada, no estaba de acuerdo con aquellos actos temerarios sin razón. Pero estos actos hacían que los teatros siempre estuvieran llenos. Este episodio en la historia de Houdini es impreciso, varios autores lo dan por hecho el día 2 de diciembre y la temperatura de cero grados, pero la realidad es que se efectuó el 27 de noviembre y la temperatura, aunque no es exacta, era mayor a los cero grados.

Este episodio se ha deformado a través de los años, el culpable de todo esto es el mismo Houdini, quien solía decir que no había saltado del puente, sino que el agua estaba congelada y se había cortado un agujero para que pudiera entrar en ella, y cuando entró y liberó sus manos, ya no pudo encontrar el agujero, así que inhaló el aire atrapado entre el hielo y el agua y nadó en círculos hasta que lo encontró, también se dice que Harry había muerto segundos antes de llegar al hotel, pero para añadir más confusión al asunto, él mismo solía cambiar el lugar donde se realizó, algunas veces decía una ciudad y otras decía otra completamente diferente. Este episodio es la prueba más clara de cómo Houdini aprovechaba cualquier cosa para seguir construyendo su leyenda, exageraba las situaciones o las cambiaba totalmente, incluso inventaba situaciones que nunca habían ocurrido.

La noche en que Houdini comenzó a trabajar en el *Temple Theater*, un teatro competidor presentó a Russell Grose, un escapista de origen canadiense, pero al día siguiente, el diario *Detroit Times,* publicó un artículo en el que decía que el canadiense había sido superior a Houdini, pues las esposas que le hicieron perder casi dos horas al norteamericano, Grose había escapado de ellas en siete minutos; eso no era todo, el escapista canadiense iba a probar suerte en la cárcel del condado de Wayne, la misma que Harry había considerado a prueba de él, así que el día de la prueba, Houdini fue a presenciar aquella demostración, además insistió en colocar un candado en la puerta de la celda, pero los policías y el representante de Grose se negaron y le dijeron que no se metiera en sus asuntos.

Grose se metió en la celda y las puertas se cerraron, pasó una hora y el escapista llamó a los policías para que lo sacaran, no había podido escapar. En Chicago, se enfrentó a Louis Paúl, quien lo retó a escapar de un par de esposas; Harry las revisó y le explicó al público que estaban arregladas, pero que en lugar de escapar de esas esposas, por qué no el retador escapaba de unas de las de Houdini; el retador desapareció casi de inmediato. En otra ocasión un hombre que se identificó como detective de la policía local, lo retó a escapar de sus esposas, Harry las revisó rápidamente y aceptó; su escape se prolongó por más de una hora y media, cuando por fin salió, revisó de nueva cuenta las esposas, y esta vez se puso furioso, el hombre que le había colocado las esposas por la espalda, las había cambiado, el público indignado agarró al hombre y a revisarlo, de entre sus ropas sacaron un segundo par de esposas.

En otra ocasión regresó a la ciudad de Boston en las últimas semanas del año, allí fue atado a una escalera por un grupo de 5 hombres, a quienes les tomó más de quince minutos para amarrarlo con cadenas y cuerdas; a pesar de todo el trabajo de estos hombres, Harry se liberó en siete minutos. Houdini aprovechó su estancia en esta ciudad para publicitar su nuevo libro *Robert Houdin desenmascarado* , en el cual exponía los resultados de años de investigación.

En este póster se puede admirar el escape de la "Lata de Leche". Fue un acto que utilizó por el resto de sus días, incluso se volvió parte del repertorio de Hardeen.

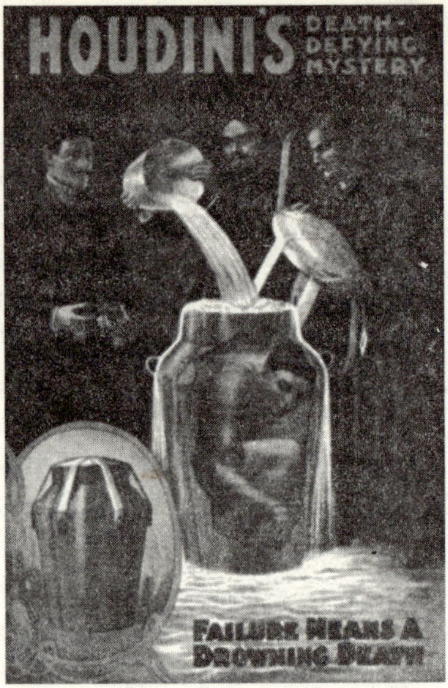

A partir de ese día, escaparía de un boiler sellado con soldadura, una caja remachada y otros audaces retos que le presentaban, en todos salía airoso, pero su acto estaba decayendo, ya no era la sensación que había sido. Al llegar al Teatro Columbia en St. Louis, las entradas demandadas la primera semana eran muy inferiores a las que había vendido, apenas pasaban de la mitad del promedio, así que anunció un nuevo desafío, se trataba del escape de la lata de leche.

En el escenario se mostraba una lata similar a la que utilizan los granjeros para transportar la leche, pero lo suficientemente grande como para poder introducir a un hombre; la lata era revisada exhaustivamente por un comité y después era llenada con agua, Harry aparecía en escena y les decía a las personas que un hombre sólo podía vivir poco tiempo sin respirar, así que en cuanto él introdujera la cabeza en el agua, aquel que quisiera podía contener la respiración junto con él, acto seguido, se introducía en la lata y el agua se derramaba sobre el escenario, una vez que la cabeza quedaba dentro de la lata, se vertían más baldes llenos de agua para que no quedara nada de espacio. Después de treinta segundos, aquellos que aguantaban la respiración, comenzaba a aspirar grandes bocanadas de aire para evitar asfixiarse, la gente comenzaba a aplaudir, pero lo mejor estaba por venir.

Harry salía a respirar y le colocaban unas esposas, se volvía a sumergir y le ponían más agua a la lata y entonces, la tapa era colocada y asegurada con seis candados, un gabinete era colocado para proteger el secreto del escape y las cortinas de éste eran cerradas, la música se volvía lenta y pesada mientras el tiempo seguía su marcha, habían pasado treinta segundos, un minuto, un minuto y medio, nadie podía sobrevivir a eso, pensaba la gente, de improviso, Kukol aparecía con un hacha, se acercaba rápidamente al gabinete y colocaba su cabeza sobre las cortinas para poder escuchar, pasaban dos minutos, dos minutos y medio, ¡tres minutos! Ahora sí era necesario que se rompiera la lata con el hacha para que el escapista pudiera respirar, así que Kukol levantaba el hacha y cuando iba a asestar el golpe, las cortinas se abrían y Houdini salía casi desmayándose y el público enloquecía, aplaudían hasta que las manos parecían explotarles.

Ahora parecía que todo regresaría a la normalidad, pero en Cleveland, su nombre fue puesto al fondo del programa del teatro, ahora la estrella era un actor, Julius Steger, estaba cayendo rápidamente, y por si fuera poco, un reportero del *American,* Alan Dale, quien lo había visto trabajar en el Alambra de Londres, hacía una severa crítica de su acto y lo hacía parecer como un ególatra presumido y de cabeza hueca.

Pero Houdini seguía presentándose, ahora el número de cierre era la "Lata de Leche", pero seguía aceptando retos del público, quienes seguían presentándole los más inverosímiles retos, los cuales iban desde un saco del correo hasta una piel de salchicha del tamaño de un hombre. Durante su estancia en Nueva York, fue retado por una compañía automotriz a escapar de un par de llantas unidas por varias cadenas y candados, además de que le serían colocados varios juegos de esposas en pies y manos, la hazaña fue tan exitosa, que la compañía arregló todo para que se repitiera cuando estuviera en Boston. En Filadelfia, Harry saltó del puente de Market Street, a donde acudieron más de mil personas a presenciar su hazaña.

En 1908, Harry realizó un salto del puente Harvard y sobre el río Charles, Bess solía contar una anécdota sobre ese día: en el puente, se abrió paso entre la multitud; cuando llegó casi a donde estaba su esposo, la detuvo un policía y ella le dijo que era la esposa de Houdini, pero el policía le dijo: "Señora, ese chiste ya me lo sé, es usted la novena esposa que intenta pasar por aquí". Harry se presentó ante el sindicato de Harvard, iba a presentar su escape de la lata pero cuando se quitó la ropa, llevaba calzoncillos de color azul y los síndicos le gritaron que utilizara el color marrón de Harvard, así que entró a la lata y cuando salió, lo hizo desnudo.

En el mes de junio, Houdini fue nombrado vicepresidente de la S.A.M. aunque tan sólo duró unas semanas en el cargo, una de las causas fue que la revista de Harry no fue nombrada la revista oficial de la sociedad, pero el motivo real era otro; cuando estaba en Dresden, Houdini visitó la tumba del gran mago italiano, Bosco, nadie había visitado la tumba, así que él la mandó arreglar y envió la noticia a la S.A.M., así que en el libro anual de esta sociedad, el hecho se mencionaba, omitiendo el nombre del que lo había hecho, el escapista sintió que esto era una ofensa y se retiró de la asociación. Su revista desapareció dos años después de su creación.

Había llegado la hora de regresar a Europa, Harry y Bess zarparon el día 10 de agosto de 1908 con destino a Alemania.

Continúan los retos

La rutina de Houdini había cambiado, la posibilidad de seguir con los retos abiertos al público era nula, sus imita-

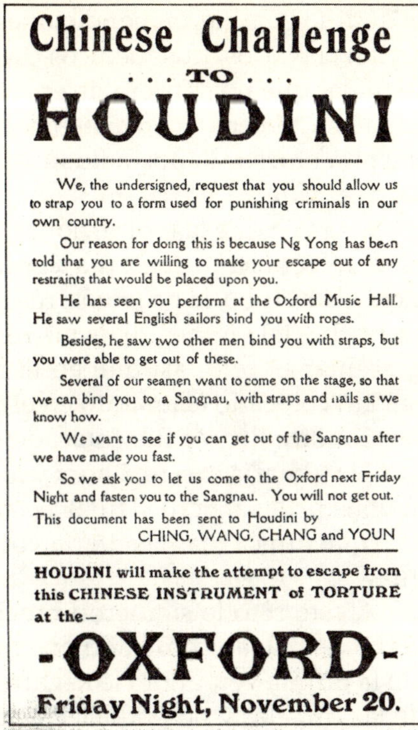

Chinese Challenge
... TO ...
HOUDINI

We, the undersigned, request that you should allow us to strap you to a form used for punishing criminals in our own country.

Our reason for doing this is because Ng Yong has been told that you are willing to make your escape out of any restraints that would be placed upon you.

He has seen you perform at the Oxford Music Hall. He saw several English sailors bind you with ropes.

Besides, he saw two other men bind you with straps, but you were able to get out of these.

Several of our seamen want to come on the stage, so that we can bind you to a Sangnau, with straps and nails as we know how.

We want to see if you can get out of the Sangnau after we have made you fast.

So we ask you to let us come to the Oxford next Friday Night and fasten you to the Sangnau. You will not get out.

This document has been sent to Houdini by
CHING, WANG, CHANG and YOUN

HOUDINI will make the attempt to escape from this CHINESE INSTRUMENT of TORTURE at the—

-OXFORD-

Friday Night, November 20.

Póster promocional que anuncia el reto del Sanguaw, un antiguo artefacto de tortura chino

dores habían acabado con el interés por este tipo de actos, ahora explotaba el dramatismo de sus escapes de la camisa de fuerza y la "lata de Leche", además le permitían intercalarlos con algún otro acto pequeño, ya fuera de manipulación o de producción. Cuando se encontraba en Londres, en noviembre, cinco marineros chinos le presentaron un reto, le escribieron una carta, pero lo habían hecho en chino y no había sido respondida, cuando por fin la tradujeron, los marineros desafiaban a Houdini a que se escapara de una *"Sanguaw"*, esto era un artefacto de castigo para los criminales en el que se les clavaban los dos pies a dos tablas de madera verticales, cintas de suero mantienen el cuerpo inmóvil mientras que un travesaño con una cadena sostiene el cuello.

Los chinos acudieron al periódico *Star,* pues al ver que su carta no tenía respuesta no sabían lo que pasaba, pero una vez que se estableció el contacto con Houdini, el periódico fue el portavoz de ambos protagonistas. Así que un día después de que el reto fue publicado, Houdini aceptó el desafío bajo ciertas condiciones: por ejemplo, sus pies no serían clavados, dos médicos estarían en el escenario para verificar que no sufriera de estrangulamiento mientras escapaba y tercero, si en el escenario no podía escapar, se le debería otorgar la posibilidad de intentarlo en una habitación cerrada.

Una vez que las condiciones fueron aceptadas, Houdini y un reportero fueron a ver la maquiavélica construcción y la aprobó, la prueba se realizaría a la noche siguiente. La noche del viernes 20 de noviembre era la señalada para presentar el reto, así que en el teatro Oxford, los chinos habían colocado el aparato en el escenario, todo estaba listo, Houdini llegó y fue colocado en la construcción de tortura, le tomaría casi una hora y mucho dolor salir airoso de aquella prueba, pero al final, estaría libre y juró a un reportero que nunca más aceptaría volver a escapar de un "Sanguaw".

A este reto le siguieron muchos más en Europa, pero las cosas habían cambiado mucho desde que había estado allí la última vez, ahora le negaban el permiso para escapar de las cárceles y no podía saltar de los puentes, así que tenía que improvisar y realizar sus saltos rápidamente antes de que la policía llegara, estos actos eran fotografiados y filmados. En el mes de junio, en Inglaterra, el agente teatral australiano, Harry Rickards estaba buscando artistas, así que se encontró con un teatro lleno y mucha gente rechazada en la puerta, la razón era un escapista norteamericano de nombre Harry Houdini.

Rickards le ofreció a Harry un contrato muy alto, y además le pagaría todo el tiempo que permaneciera en el barco hasta llegar a Australia, así que le pagarían por descansar doce semanas y por trabajar otras doce, además se libraría del molesto John Clempbert, un ex luchador que se dedicaba al espectáculo realizando proezas físicas hasta que se lastimó la espalda, a partir de ese día se dedicó al escapismo, así que copió tan fielmente como le era posible el acto de Harry, pero en este país sí era posible proteger legalmente los espectáculos, así que Houdini demandó a Clempbert, cuando éste prometió dejar de copiar su acto, la demanda fue retirada y el impostor desapareció de la escena del espectáculo europeo.

Mientras estaba en Londres, se encontraba demasiado ocupado para ir a Nueva York a pasar unos días con su madre, así que la mandó traer y no sólo a ella, sino a la madre de Bess también. La señora Rhaner, madre de Bess, odiaba a su yerno, pero desde la última vez que estuvo en los Estados Unidos, ambos hicieron las paces y ahora las madres del matrimonio Houdini se llevaban bien, tan era así, que pasaban mucho tiempo juntas.

En Hamburgo, Alemania, Harry trabajaba en el Teatro Hansa, esos días coincidieron con la llegada a la ciudad de un aviador, su nombre era Grade y daría una exhibición en un biplano francés, y esto llamó poderosamente la atención de Houdini. Esta era la oportunidad de realizar uno de sus más temerarios escapes, se trataba de ir esposado en el avión, y saltar en paracaídas con las manos aseguradas, debía liberarse en el aire y caer en un punto específico, pero el plan se canceló debido a dificultades técnicas. Llegó hasta el lugar de la exhibición e interrogó al piloto. Una semana después, Harry poseía su propio avión, era un Voissin de cinco mil dólares, y logró convencer a los oficiales alemanes de dejarlo utilizar los terrenos del desfile de Hufaren como aeropuerto provisional.

Pero algunos fenómenos meteorológicos lo mantuvieron en tierra por varias semanas, mientras tanto, repasaba las mecánicas del vuelo acompañado de Brassac, un mecánico francés que había contratado para ayudarlo, y todo lo que aprendió tuvo que enseñárselo a los soldados alemanes. Por fin, el clima fue propicio para volar, así que Harry se acomodó en su asiento y levantó el vuelo, no se tiene claro qué fue lo que pasó, pero hubo un accidente, Houdini salió ileso, pero el avión sufrió daños ligeros, las refacciones tuvieron que ser encargadas a Francia y esto retrasó varias semanas la siguiente lección de vuelo.

Durante todo el tiempo que permaneció en Hansa, Harry pasaba todo su tiempo libre con su avión, el cual lucía su nombre en letras grandes y negras en los costados. Para el mes de diciembre, la temporada en la ciudad alemana terminó, ahora iría a Australia.

9

Australia

Melbourne

El 17 de enero de 1910, Harry, esposa y equipo salieron desde Marsella con rumbo a Melbourne, la aviación no era muy confiable todavía, así que el avión fue desarmado y metido en una caja de embalaje y se lo llevó. El barco se detuvo en Egipto, allí, Harry fue el primero en bajar, sus malestares lo tenían indispuesto, así que caminó por las calles y allí vio a unos magos callejeros. La magia se presenta en ese país desde hace muchos siglos, el primer indicio de esto se encontró en un jeroglífico en el que se habla de un mago llamado "Dedi", quien presentaba un efecto llamado "Los Cubiletes". En México también se hallaron vestigios de aparatos mágicos, de origen Maya, se trata de una vasija que contiene agua, la cual es vertida en algún otro recipiente hasta que queda vacía, segundos después, el agua vuelve a aparecer en la primera, este artículo se llama "Lota".

En el mar, Houdini sentía una gran agonía, el viaje duraba alrededor de doce semanas, de las cuales en diez se sintió fatal, tan sólo fue catorce veces al comedor del barco y bajó veinticinco libras de peso. Cuando por fin llegó, se había desarrollado una gran campaña publicitaria en su persona, en el teatro, se exhibían filmes de sus escapes en

Houdini verdaderamente sufría los viajes por mar, en alguna ocasión, había amenazado con lanzarse por la borda.

todo el mundo, lo cual hizo crecer una expectación por presenciar sus saltos del puente o los escapes de las cárceles. El 18 de febrero se dirigió al puente Queen en las orillas del río Yarra, Harry saltó al río y segundos después, se vio un cuerpo emerger sin vida a la superficie, todos pensaron que era el escapista, pero él salió unos segundos después, había encontrado un cuerpo en el fondo del río y lo había desatorado, la hazaña fue un rotundo éxito.

El avión fue sacado de su empaque y armado, pero el motor no funcionaba bien, así que Brossac tuvo que emplearse a fondo para resolver este problema y unos días después, todo estaba listo, Houdini podría volar sobre Australia, a pesar de que los pilotos australianos tenían problemas para volar, la única máquina voladora en Melbourne pertenecía a un mecánico y aún no la hacía volar. Así que el ritmo de trabajo de Alemania se repitió, Houdini iba al teatro y por la mañana, casi de madrugada, llegaba a donde estaba su avión, con suerte, sería el primer hombre que volara sobre este continente.

Unos días después, Harry estaba listo para romper el récord, pero su mecánico no lo dejó, le dijo que había demasiadas corrientes de aire, Harry se enfureció aun más cuando vio al mecánico con su avión listo para elevarse, pensó que había perdido la oportunidad de dejar su nombre en la historia. El avión, copia del de los hermanos Wright, corrió por la pista se elevó y el aire lo sacudió violentamente haciendo que la nariz se estrellara contra el piso, la nave estaba casi desecha, pero el piloto salió ileso.

El récord estaba intacto, ahora Harry dormía en el hangar con su avión, pasarían dos semanas para que el mecánico francés diera su aprobación para intentar el vuelo. El 16 de marzo de 1910, todo estaba listo, habían asistido fotógrafos para presenciar y dar fe de aquel hecho histórico, Harry estaba impaciente, se subió al asiento trasero del avión y se preparó, Brossac le dio un fuerte giro a la hélice, el motor rugió y comenzó su recorrido por la pista y por fin se elevó, describió un gran circulo en el aire y regresó a tierra para realizar un aterrizaje perfecto. Houdini lo había conseguido, era el primer hombre que volaba en el cielo australiano.

Houdini repitió su hazaña dos veces más, la segunda de ellas, rompió un récord de tiempo, había permanecido en el aire siete minutos y medio, lo había forzado a bajar una repentina corriente de aire. Harry viajó a Sydney para presentarse en el Teatro Tivoli de Rickards, donde presentó su escape de la "lata de Leche", se le pedía al público que trajeran sus propios candados. En una de esas presentaciones, un miembro del comité revisó a Houdini, le encontró una llave, y la mostró al público, pero se le demostró que nada tenía que ver con su escape, era la llave de su camerino.

Harry continuaba con su vuelo, en los periódicos se decía que Rickards le pagaba 20,000 libras por diez vuelos de cinco minutos cada uno, pero el encargado de prensa del teatro lo desmintió, Harry quería seguir volando, y un día por la mañana subió a su avión, la gente se arremolinaba alrededor de él, comenzó su carrera por la pista y se elevó, ya en el aire, una fuerte corriente de aire lo volteó y lo hizo caer rápidamente, Harry logró retomar el control del avión, pero era demasiado tarde, cayó y una de las llantas se rompió; otra vez, había salido ileso.

En su presentación había introducido una nueva hazaña, seis miembros del asilo mental lo amarraban con vendas en una cama, y una vez que estaba asegurado, le vaciaban cubetas de agua, con esto, las vendas se apretaban y hacían prácticamente imposible que escapara, pero él, como siempre, lograba escapar después de una ardua lucha. El escape le tomaba treinta y siete minutos, además de un desgaste físico impresionante. A la mañana siguiente, se dirigía al hangar y trabajaba con Brassac en la reparación de su aeronave. El viernes 29 de abril, fue invitado por un club de aficionados al vuelo, así que después de terminar su actuación en el teatro, Harry se presentó en el ayuntamiento, donde los asistentes lo recibieron de pie con una ovación y le otorgaron un gran trofeo para conmemorar el primer vuelo sustentado en Australia.

El 11 de mayo, Harry y sus acompañantes dejaban el continente australiano, se habían embarcado en el buque *Manuka,* apenas vio la embarcación, comenzó a sentirse enfermo. A su llegada a su país, su interés por la aviación se incrementó, se volvió asiduo visitante a cuanto festival aéreo podía asistir, en uno de ellos, vio un accidente, un hombre llamado Beachy, a bordo de un avión, tuvo un im-

El avión Voisin de Houdini; en esta aeronave se convirtió en el primer hombre en volar por los cielos australianos.

previsto y su aeronave se precipitó más de tres mil pies, al chocar con el suelo, el aparato se deshizo, pero el piloto estaba ileso, esto hizo pensar a Houdini en su propia seguridad. En otra ocasión, asistió a un festival en cuyo día inaugural, veinticinco aviones despegaron juntos, pero en el aire chocaron cinco de ellos, aunque ninguno de los pilotos salió herido de gravedad.

Inglaterra

Houdini regresó a Inglaterra en el mes de agosto de 1910, a su llegada se encontró con que los comerciantes estaban ofreciendo algunas herramientas como las utilizadas por él para lograr sus escapes, así que hizo un nuevo reto, ahora daría 20 libras a quien encontrara alguna herramienta en su persona durante sus presentaciones. Ahora se presentaba en traje de baño y utilizando zapatos proveídos por algunos de sus patrocinadores. Seguía escapando de los retos más absurdos, lo habían encerrado en cajas de madera, un saco hecho de lona, un cañón de acero antes de que la mecha se consumiera, y de todos salía libre.

Ahora Harry tenía dos asistentes más, los cuales permanecerían con él por el resto de sus días, sus nombres eran James Vickery y James Collins, ambos trabajaban bajo las órdenes y supervisión de Franz Kukol. Collins era un experto carpintero, y fuera del escenario, trabajaba en las ideas de Houdini, en especial, tenía la tarea de desarrollar el escape que había de tomar el lugar de la "Lata de Leche", la cual era presentada ya por varios magos en Europa, entre ellos, Jean Hugard y The Great Raymond, aunque Harry reclamaba el escape como suyo, no se hacía nada.

Mientras tanto, Harry tenía la idea de escapar de un bloque sólido de hielo, quería utilizar un casco, el cual le daría 10 minutos de aire, así que hizo que Collins construyera un tanque para poder intentarlo, pero tenía que encontrar alguna solución química que lograra congelar el agua en segundos, pero en los ensayos sufrió de un severo resfriado, así que abandonó la idea. Actualmente, un mago norteamericano retomó la idea, se trata de David Blaine, pero él no escapó del hielo, tan sólo permaneció allí por mucho tiempo.

Tenía que encontrar un nuevo escape, así que intentó varias cosas, pero ninguna de ellas tenía el efecto dramático que esperaba, hasta que se le ocurrió una idea que parecía buena, aunque demasiado peligrosa, la llamaría "La cámara de la Tortura China", que es conocida por la creencia popular de haberle causado la muerte al escapista; más adelante veremos que no fue así. Se trataba de un tanque lleno de agua en el cual era sumergido de cabeza, esposado y encadenado, sus pies eran atrapados en la tapa y encadenados. Ahora tenía que protegerla, pero las patentes estaban al alcance de todo el mundo, así que mejor se la presentaría a Lord Chamberlain.

Sus presentaciones seguían siendo exitosas, y los retos seguían siendo continuos. En una ocasión, un fabricante de cerveza llenó la "Lata de Leche" con su producto y también, se escapó de un barril de ron de una marca conocida.

En este póster promocional se puede admirar la dificultad del escape de este aparato.

Harry regresó a Estados Unidos de Norteamérica en 1911, su primer contrato lo esperaba en Boston, en el Teatro Keith, allí se presentó por dos semanas, donde enfrentó el reto más extraño de su carrera, se había encontrado una especie de monstruo marino, parecido a una ballena y a un pulpo. Sin duda se trataba de un calamar gigante, pero se le retó a escapar de sus entrañas, lo cual le tomó quince minutos, pues estaba muy desorientado debido a los derivados de arsénico que los taxidermistas le pusieron al animal para evitar su descomposición.

En Detroit, Harry fue retado a escapar de un saco de lona, el cual era ajustado a su cuerpo por medio de cinturones de cuero, pero uno de ellos, el de la cintura, había sido demasiado apretado y con los esfuerzos, había lastimado seriamente su riñón, tenía una ligera hemorragia interna, pasarían dos semanas para que acudiera al médico, quien estaba sorprendido por la fuerza de Houdini. No podía entender cómo había podido seguir trabajando con esa lesión. Ahora, tenía que cancelar algunas fechas, y retirarse a Nueva York a descansar. Apenas se había cumplido el tiempo que el doctor recomendó, Houdini salió de nuevo a los caminos, había disfrutado de tres semanas forzosas de vacaciones.

Su próxima parada era Ohio, allí se presentó en un teatro de Keith, lo habían retado a escapar de un barril de cerveza, pero no contaba con que la piel absorbía el alcohol, así que salió un poco mareado, la próxima vez tendría que sellar su cuerpo con aceite para evitar otra "alegre" escapada. En enero de 1912, esto rindió sus frutos, había sido retado a escapar de la "Lata de Leche" pero la llenarían con cerveza ligera, en Nueva York, fue retado a escapar de la misma manera, con cerveza. En marzo, en Norfolk, Virginia, fue retado por la Marina a escapar de un traje de buceo, el cual sería llenado de agua y asegurado, pero durante sus días de prueba con el congelamiento del agua, había encontrado la forma de escapar de estos, así que aceptó inmediatamente. Salió en menos de seis minutos.

En Nueva York, anunció un salto de un puente dentro de una caja en cuyo interior estaría él esposado y amarrado. La tapa de la caja sería clavada en su lugar, la prueba se realizó el sábado 7 de julio de 1912. La zona estaba llena de policías, reporteros y curiosos, se trataba del muelle número 6, pero la policía no permitió que la prueba se llevara a cabo, así que Harry contrató un bote para que lo trasladara a mar abierto y así poder llevar a cabo sus planes.

El bote navegó fuera de la jurisdicción de la policía de Nueva York, allí fue esposado, atado y metido en la caja; la tapa fue clavada y la caja amarrada con fuertes cuerdas, y a las 11:44 de la mañana, la caja fue lanzada al mar. La caja pesaba más de 200 libras, así que se hundió rápidamente, algunos segundos después, ya flotaba, y once segundos después, Harry saludaba desde el agua a quince pies de distancia de la caja. La sensación que levantó con esta ha-

Esta fue la caja de donde escapó en el mar, logrando captar la atención del público.

zaña fue tan grande, que en el teatro se hizo instalar un estanque con 5,500 galones de agua, en el cual, repetía su hazaña todas las noches.

Pero la mente del mago siempre estaba en movimiento, así que se le ocurrió una nueva hazaña, esta vez sería atado en la punta del edificio Heidelberg, situado en la calle 42 y Broadway, allí lo pudieron ver miles de personas mientras luchaba por liberarse a más de trescientos pies de altura. En abril de 1912, la S.A.M. lo nombró miembro honorario, por fin, a sus treinta y siete años de edad, Houdini recibía el reconocimiento de sus colegas, ahora era el artista de la magia más famoso en el mundo.

Se fijó una serie de presentaciones en Europa, la primera de ellas se realizaría en Alemania con el circo Busch, así que allí sería la primera presentación de su nueva sensación, "La Cámara de la Tortura China". Cuando daba inicio, era esposado y encadenado, luego, sus tobillos eran asegurados en la tapa y entonces, lo metían de cabeza en el tanque lleno de agua, la gente podía ver por el cristal todo lo que pasaba en su interior, pero aún así, se montaba un gabinete alrededor y las cortinas eran cerradas, los asistentes se colocaban al lado del aparato sosteniendo un par de hachas, pero eran innecesarias, Houdini salía extenuado pero ileso dos minutos después.

Cuando Harry dejó Alemania dos empresarios que habían acudido en repetidas ocasiones para ver su acto, mandaron a hacer una réplica de su aparato y la presentaban con una chica, a quien nombraron "Miss Undina", pero Houdini se enteró de esto y los demandó, la corte falló a su favor y los imitadores tuvieron que dejar de presentar el acto y además pagaron los costos del juicio.

Un duro golpe

La trayectoria de Houdini hasta ese momento había estado llena de aventuras, alegrías y mucho castigo físico, así que comenzaba a cansarse de este estilo de vida, deseaba dejar de arriesgar la vida en cada presentación, así que se puso a trabajar en planear un gran espectáculo de magia, un espectáculo para hacer olvidar a los grandes magos del pasado y sus espectáculos. El dos de marzo de 1913, Harry tuvo un gran detalle hacia Franz Kukol. En medio de una de sus presentaciones llamó al austriaco a su lado y le dijo al público que ese hombre era el mejor asistente que jamás había tenido, por diez años lo había acompañado por todo el mundo así que para conmemorar esa ocasión le regaló un reloj de oro con la fecha grabada; Kukol no pudo contener las lágrimas y lloró de emoción.

Por su paso en Inglaterra, visitó a Will Goldston, quien era un escritor especializado en magia además de comerciante de artículos de la mayor de las artes. Ambos habían fundado la Sociedad Británica de ilusionistas, pero los planes que se tenían para contar con un local propio nunca habían podido realizarse, así que Houdini pagó un nuevo local y lo acondicionó con biblioteca y un pequeño escenario.

La administración del Teatro Hammerstein en Nueva York le solicitó presentaciones por dos semanas, esto significaba que tenía que volver a cruzar el océano y

Will Goldston, escritor y comerciante de magia.

sufrir en el barco, pero también representaba la oportunidad de ver a su madre, quien a sus setenta y dos años, ya se encontraba en un estado muy frágil, además, tal vez sería la única oportunidad de verla en ese año, así que aceptó. Antes de que el barco llegara a costas norteamericanas, los retos ya estaban esperando en las oficinas del teatro, el primero en llegar pertenecía a un capitán, quien retaba a Houdini a escapar de un antiguo barco de prisioneros, el cual estaba en la calle 72 y Riverside Drive. Harry aceptó bajo la condición de que fuera justo y no intentara nada para hacerlo fracasar.

Tres días después, Harry se encontraba dentro de aquel navío, encarcelado con sus esposas y cadenas, le tomó apenas quince minutos salir de aquella prisión. En el teatro, su madre solía sentarse en primera fila para aplaudir a su hijo. Al terminar su temporada en este teatro, Harry iba a ser reemplazado por Chung Ling Foo, quien le organizó una cena de despedida, la cual parecía la cena en casa de un embajador de la magia, estaban reunidos dos de los magos más importantes del mundo, Thurston y Theo Bamberg. Pero ahora tenía que regresar a Europa, así que se despidió de todos y abordó el navío *Kronpricecssin Cecile.* Antes de partir, preguntó a su madre sí quería algún regalo del viejo continente, ella sólo pidió un par de pantuflas de lana del número seis.

Theo, quien seguía presentándose en público bajo el nombre de "Hardeen", llevó a su madre de vacaciones a Asbury Park, donde se presentaría en el Teatro Lírico, había repetido algunas de las hazañas de su hermano, saltó de un puente y presentó el viejo acto de éste. Por la noche, en el Hotel Imperial, Cecilia comenzó a sentirse muy mal, estaba paralizada, el doctor James Ackerman la auscultó y dijo que su estado era grave. Theo seguía con sus presentaciones, y el día 16 de julio, salió del teatro y corrió al lado de su madre, su estado había empeorado, cuando su hijo llegó, Cecilia trató de decir algo acerca de Harry, pero las fuerzas no se lo permitieron y falleció.

Mientras tanto, en Europa, Harry se presentaba con el circo Beketow en Copenhague, a donde asistieron dos miembros de la familia real: los príncipes Aage y Axel, su actuación era todo un éxito. Al día siguiente la prensa se reunió en su camerino, él deseaba agradecerles su calurosa bienvenida, pero mientras decía esto, alguien le pasó un telegrama, y procedió a leerlo frente a la prensa, sus ojos se llenaron de lágrimas y las fuerzas lo abandonaron cayendo desmayado. Cuando regresó en sí, sólo decía: "Mamá, mi pobre madre, mi mamacita", los reporteros estaban conmovidos y se marcharon en silencio dejándolo solo.

Beketow, el dueño y director del circo, suplió a Houdini esa noche. Harry se encontraba en su hotel hecho un mar de llanto, pero a su sufrimiento se le sumó una severa enfermedad del riñón, el médico que lo diagnosticó sugirió que fuera hospitalizado, pero el escapista se negó, lo único que le quedaba era guardar un largo reposo. El empresario lo liberó de su contrato. Lo único que pasaba por la mente del atormentado artista era ver a su madre antes de que fuera sepultada, mandó un telegrama a su hermano en el que le pedía que retrasara el funeral. Abordó el primer barco acompañado de un médico especialista danés, que viajó con él hasta Alemania y de allí, otro médico se hizo cargo.

Cuando llegó a Nueva York, encontró que el velorio se había llevado a cabo en el segundo piso de su casa, subió las escaleras y llegó hasta la habitación donde estaba el cuerpo sin vida de su madre, se acercó, observó su rostro por largo tiempo, la abrazó contra su pecho y colocó las pantuflas que le había pedido, a su lado. Cuando fue sepultada, Houdini visitaba todos los días el cementerio, leía una y otra vez todas las cartas que le había enviado su madre. Su vida se había transformado de un día a otro.

Después de un mes, Harry puso todo su esfuerzo en volver a trabajar, viajó a Nuremberg para iniciar presentaciones en el Teatro Apolo y de allí viajó a París, donde conoció a un hijo de "El Gran Philippe" un mago francés contemporáneo de Houdin y Anderson"El Brujo del Norte"; además adquirió el espectáculo completo de "Hermalin" un mago británico de poca personalidad pero con hermosos aparatos, el quipo fue llevado hasta su bodega en Inglaterra. Pasó la navidad con Bess en Monte Carlo y viajó a Londres.

A su llegada a Escocia visitó la tumba de John Henry Anderson "El Gran Brujo del Norte", quien fue hijo de un granjero, pero sus aspiraciones a ser actor lo hicieron unirse a un grupo de teatro ambulante, allí fue la primera vez que vio magia y quedó atrapado por este arte, murió el tres de febrero de 1874, es conocido como el mejor publicista del siglo XIX, pero el mundo todavía no sabía nada de Harry Houdini. La tumba del mago era tan pobre como él cuando murió, había sido enterrado junto a su madre, así que Harry inició un fondo para la construcción de una tumba acorde al prestigio del artista que estaba enterrado allí.

También adquirió en esos días un efecto nuevo, se trataba de "Caminando a través de una placa de acero", esto era una completa novedad, así que pospuso una de sus fechas para presentarlo como era debido, además adquirió un efecto que hasta la fecha es un misterio, se trataba de una invención del mago Bautier De Kohtla, "El Dado Expandible", era un efecto en el cual un mago lanza un pequeño dado sobre una base, y éste se expande hasta hacerse grande, la tapa se abre y de él sale una chica. Este efecto lo presentó en su "Revista Mágica" en el Teatro Imperial de Nottingham.

De regresó a su país, Harry volvió a abrir una temporada en el Teatro Hammerstein, aquí presentó por primera vez el efecto de caminar a través del acero, pero cambió la hoja de acero por una pared de ladrillos construida en el mismo instante del espectáculo, esto le daba mayor credibilidad al efecto. Este acto levantó una revolución en la "fraternidad" mágica, algunos decían haber realizado la ilusión mucho tiempo antes, pero nada de esto molestó a Houdini, y cuando la ilusión había cumplido su cometido, como la ropa de los hermanos mayores, pasó a su hermano Theo.

La Segunda Guerra Mundial se declaró tras el atentado en Austria, esto trajo graves consecuencias para Houdini, quien ahora se veía sin el mercado europeo, el cual constituía el mayor de sus ingresos, pero también le quitaba algo invaluable, a su ayudante Franz Kukol, quien había sido requerido por el servicio militar de su país.

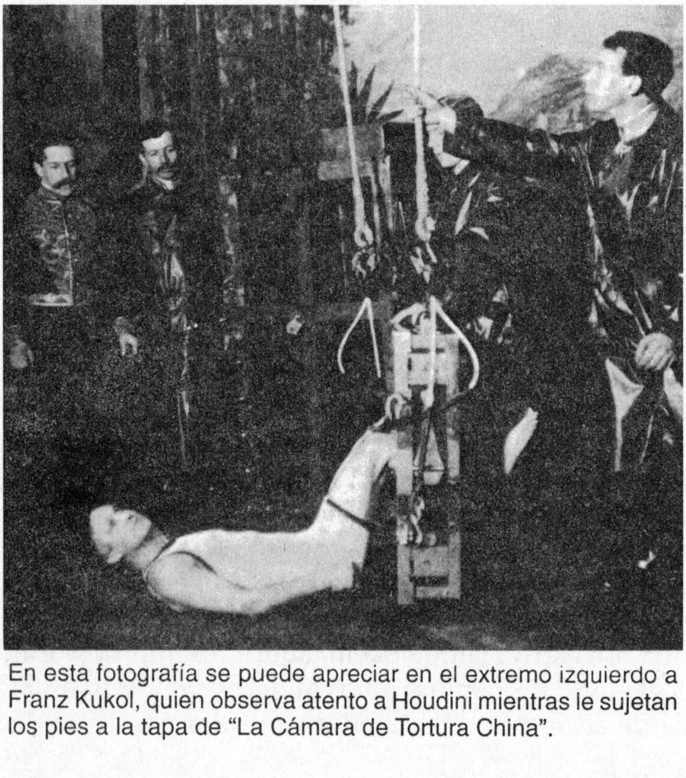

En esta fotografía se puede apreciar en el extremo izquierdo a Franz Kukol, quien observa atento a Houdini mientras le sujetan los pies a la tapa de "La Cámara de Tortura China".

Su nueva hazaña, colgarse y liberarse de una camisa de fuerza, le trajo nuevos bríos a su publicidad y presentaciones.

En las calles y de cabeza

Ahora Harry tenía que encontrar la manera de llevar más gente a la taquilla, así que comenzó con una nueva campaña, se colgaría de algún edificio, con la camisa de fuerza y de cabeza, ahora se podría liberar de ésta frente a miles de personas en las calles, no había mejor manera de hacerse publicidad. Esta nueva manera de presentarse ante el público de las calles, llamó poderosamente la atención y la gente llenaba los teatros noche tras noche.

En California comenzó a experimentar con un nuevo efecto, se llamaba "Enterrado con vida", pensaba que podría ser un gran acto publicitario, así que fue a un lugar cerca de Santa Mónica y comenzó a experimentar, primero con fosas de un metro, de las cuales podía salir fácilmente, pero cuando se le ocurrió intentar con una de dos metros y medio, el peso de la tierra le dio pavor, trató de hablar y la boca se le llenó de tierra, así que comenzó a cavar hacia la superficie, cuando por fin llegó, se desmayó, por poco y moría en su intento.

A finales de abril, la hazaña de la camisa de fuerza fue repetida en Baltimore, cuando miles de personas bloquearon el tránsito de las calles Charles y Baltimore, Houdini se encontraba colgado del edificio Sun, a muchos metros de altura; allí la gente lo vio luchar y liberarse de la camisa de fuerza, la prensa nunca había visto tanta gente desde el gran incendio de 1904. Ese mismo año trabajó para los presos de la cárcel de Sing Sing, lo que no se había repetido desde que Herrmann lo había hecho en 1896, cuando se mostraron los filmes de sus escapes, algunos presos dejaron escapar sonoros y profundos suspiros.

Cada vez que presentaba su escape en las calles, los teatros reportaban nuevos records de entradas, tal fue el caso de Rhode Island, donde se reunieron cincuenta mil personas a presenciar su escape en las alturas. Este tipo de manifestaciones comenzaron a molestar a las autoridades, las de educación decían que provocaba que algunos niños no asistieran a clases para ir a ver al escapista, mientras que la policía decía que las multitudes daban a los carteristas mejores oportunidades para cometer sus fechorías.

Cuando estaba en el interior de su país, Harry solía recibir a magos de cualquier tipo, los convencía de afiliarse a la S.A.M., por lo que después de algún tiempo, la agrupación tenía filiales por todo el país, en junio fue nombrado presidente de la misma. En un acto de patriotismo, se inscribió en las reservas del ejército, fue cuando los Estados Unidos de Norteamérica declararon la guerra a Alemania, pero el ejército no estaba interesado en un hombre de cuarenta y tres años, así que se ofreció a cancelar su gira para actuar a beneficio de la institución gubernamental. Houdini encabezó un espectáculo a beneficio de la Cruz Roja, con lo que se adquirieron dos ambulancias.

Él había intentado presentar su escape en Broadway, pero la policía se negaba cada vez, pero con la ayuda de Elsa Maxwell, quien sería conocida como la mejor anfitriona de América, logró que se lo dieran, así que la S.A.M. le otorgó una medalla en agradecimiento. Las labores altruistas de Houdini lo llevaron a hacer que Harry Kellar, quien ya se encontraba retirado, hiciera una presentación de despedida, en ese espectáculo actuaron siete magos, todos ellos de la agrupación que Harry presidía. Harry produjo todo el espectáculo, así que el empresario Charles Dillinham le pidió que pensara en algo espectacular para su revista *Cheer Up* que estaba por estrenarse en el mes de julio.

Entonces puso a trabajar su inquieta mente, haría algo que nadie hubiera hecho antes, algo tan grande que nadie puediera olvidar, así que se le ocurrió desaparecer un elefante. Charles Morrit, amigo de Houdini y gran mago, había desaparecido a un burro, así que le platicó al escapista el método, y éste compró los derechos de la ilusión para poder presentarla por todo el mundo. Había comprado a una elefanta de nombre Jennie, la cual se decía era hija del legendario elefante de Barnum, Jumbo. La primera vez que presentó este acto fue en el escenario del Hipódromo de Nueva York el 7 de enero de 1918.

En el escenario, hacían su entrada la elefanta y su entrenador, eran colocados en un gabinete de madera y tapados con una enorme cortina, cuando Houdini disparaba una pistola, la cortina caía para revelar que la paquidermo ya no estaba. Aquello fue una sensación instantánea, los periódicos no dejaban de escribir sobre la desaparición del animal y los magos, comenzaba a anunciar que la próxima temporada harían desaparecer elefantes, incluso uno de ellos decía que él había inventado la ilusión, su nombre era Harry Blackstone. De Blackstone podemos decir que, con el tiempo, se volvió uno de los magos más importantes de Norteamérica, era sumamente espectacular y dueño de una elegancia muy particular: uno de sus efectos más recordados era el de una pequeña jaula con un canario adentro, la cual desaparecía rápidamente y a la vista de los espectadores; sus más grandes competidores eran Thurston y Dante, pero cuando el primero se retiró en 1931 y el otro se fue a Europa en 1927, el camino estaba libre para él, fue uno de los magos más importantes del Vaudeville. Su hijo, Blackstone Jr. siguió la profesión de su padre y murió hace un par de años.

Su contrato en este lugar había sido especificado por seis semanas, pero se prolongó por diecinueve, este fue el compromiso más largo de toda su carrera. Mientras estaba en este lugar, acondicionó un salón para recibir a los soldados que estaban por partir hacia la guerra, les enseñaba cómo escapar de esposas alemanas en caso de que fueran atrapados. Harry anunció que daría un espectáculo a beneficio de la guerra, el programa estaba lleno de estrellas de toda clase del mundo del espectáculo. Pero cuando estaba publicitándolo, llegó la noticia de que Chung Ling Soo había muerto, algo falló durante su acto de atrapar balas, las cuales eran marcadas y luego disparadas, así que Harry anunció que en honor al gran mago, intentaría repetir el acto de aquel.

Cuando Kellar se enteró de que Houdini intentaría realizar aquel acto, le escribió una carta en la que le pedía que no lo hiciera, porque por más seguro que estés que todo va a salir bien, siempre hay alguien que te puede estropear el trabajo, y tu vida. Al leer estas palabras olvidó cualquier intención de presentar el efecto.

10

Hollywood, un cambio de vida

La estrella de cine

Houdini recibió una oferta para hacer películas por parte de B. A. Rolfe. Querían que realizara una serie de cintas, cuando conoció a Méliés había soñado con hacer una película e incluso había escrito un libreto "Las maravillosas aventuras de Houdini, el elusivo norteamericano". Pero cuando mandó una copia al productor, éste le dijo que ya había contratado a dos escritores para realizar las series.

Houdini realizó cerca de quince películas. Cuando estaba por terminar la última, durante una escena, se rompió tres huesos de la muñeca y fue al Hipódromo de Nueva York, allí siguió presentado sus escapes de la camisa de fuerza, con todo y la muñeca fracturada. Houdini y Bess nunca tuvieron hijos, así que se rodearon de mascotas, entre ellas un águila, la cual participaría en los espectáculos de magia, Harry fue el primero en aparecer un animal de estos en un escenario.

En 1918 Houdini tenía la idea de abrir su propio teatro en Nueva York, pero su amigo Charles J. Carter, había ahorrado lo suficiente para comprar la tienda de magia *Martinka,* y después un teatro "El Templo de la Magia", en el cual se presentaba, las críticas no eran buenas, pero aún así, era su teatro y podía seguir presentándose cuando quisiera. Houdini tuvo que dejar la idea a un lado. Los últimos días del otoño y los primeros meses de invierno, realizó muchas presentaciones para los hospitales que tenían a los heridos de la guerra. Para esos días, el misterio del elefante ya había quedado atrás, así que una de sus coestrellas en la revista mágica le dijo que reviviera aquel efecto, pero Houdini respondió que Herbert Hoover había regulado a los elefantes, así que si desaparecía dos elefantes por noche, iba a acabar con los elefantes del mundo.

Cuando la guerra terminó Houdini realizó cerca de quince apariciones públicas en un solo día, visitaba un cine y un auto lo esperaba para llevarlo al siguiente, tan sólo para publicitar sus películas en Nueva Inglaterra, Boston, Brookliyne, Newton, Cambridge y Summerville. El negocio del cine era muy bueno, por la primera película recibió 20,000 dólares y la mitad neta de las ganancias. Pero este último dinero no le fue entregado así que demandó y le fue otorgado un pago de 32,795.18 dólares, pero para cuando el juicio se resolvió, la cantidad se había elevado a 250,000 dólares, así que volvió a demandar, no volvería a hacer negocio con aquel hombre, pero la productora Paramount-Artcraft Pictures le ofreció una nueva película bajo la producción de Jesé Lassky, la oferta era buena y aceptó.

La filmación de su nueva película dio inicio en la primavera de 1919, se llamaría *The Grim Game* (El Juego Siniestro), era una aventura llena de oportunidades para que Houdini se luciera. En esta cinta, se tenía planeado un vuelo de dos aviones, Harry pasaría de uno de ellos al otro, pero en la filmación, las dos aeronaves chocaron en el aire y se engancharon, así que fueron dando espirales hasta el suelo, pero justo antes de chocar, lograron separarse, nadie salió herido pero el director, que había filmado todo el suceso, reeditó la historia para incluir un accidente aéreo. Harry no estuvo en el accidente, se había fracturado la

Fotografía de la película *The Grim Game*, estelarizada por Houdini.

muñeca otra vez, así que eso lo salvó; el doble a cargo de la secuencia se llamaba Robert E. Kennedy.

La fractura de su muñeca le permitió visitar a su amigo Kellar, quien vivía a unas cuantas millas del lugar de la filmación; cuando llegó, tomaron té y Harry le pidió permiso para escribir sus memorias, hacía más de treinta años que un reportero las había escrito, pero después de tanto tiempo, las anécdotas seguían creciendo, así que Kellar de su puño y letra escribió más de cien páginas pero Houdini nunca llegaría a completar este proyecto.

Al terminar la filmación de la película, Harry se dirigió a Nueva York para supervisar la adquisición de su nueva propiedad, la tienda de Carter, *Martinka,* además, estaba preparando otro libro, se llamaría *Los Hacedores de Milagros y sus Métodos,* en el cual se utilizaría mucho del material de su colección para ilustrarlo. Ese mismo año fue reelegido por tercera ocasión como presidente de la S.A.M. Cuando la película se estrenó en Broadway, Houdini ofreció mil dólares al que pudiera probar que el accidente de avión que se mostraba era falso, pero no era tonto, la apuesta, como todas las que hacía, era algo ganado.

En septiembre comenzó la filmación de su segunda película con la misma productora, se titulaba *Terror Island (La Isla del Terror),* se filmaría en la Isla de Catalina, así que pensaba viajar en su avión e invitó a Kellar, pero en cuanto éste vio la aeronave, se negó rotundamente, "iría si pudiera mantener un pie en el suelo", decía. La película resultó

Este certificado demuestra la compra de la tienda de magia por parte de Houdini.

Fotografía de la película *Terror Island.*

ser un éxito, así que la cinematografía se volvió el nuevo juguete de Harry y vendió la tienda de magia, había formado una compañía para producir películas, pero era un barril sin fondo, Kellar, quien era socio, le insistió que la vendiera. Ahora, Inglaterra reclamaba su presencia, seis años antes había firmado contratos que fueron interrumpidos por la guerra.

Sus películas habían incrementado la demanda de su acto, ahora no sólo era una estrella de Vaudeville, sino que también era una estrella de cine. En diciembre de 1919, salió con rumbo a Europa en la embarcación *Mauretania,* navío que inspiró la construcción del tristemente célebre *Titanic.* A su llegada a Europa encontró un mundo diferente al que había dejado unos años atrás, las mujeres portaban ropas de luto, la carne era casi imposible de conseguir y se daban vales para mantequilla y azúcar.

Durante su estancia en Edimburgo, Harry y esposa fueron a visitar la tumba de "Lafayette" una gran mago y malabarista; había muerto en un incendio en un teatro en esa misma ciudad; Houdini le había regalado un perro en Nashville, cuando ambos compartieron el escenario en esa ciudad. Lafayette, quien vivía solo adoraba a ese animal, lo había llamado "beauty", en el incendio del teatro once personas murieron, entre ellas el mago y su perro. Los Houdini habían llevado dos vasijas con flores, cuando estaban frente a la tumba, Harry no podía creer que su amigo estuviera allí, así que dijo: "Lafayette, danos una señal de que estás aquí", en ese momento, las vasijas se cayeron, las reacomodaron de nueva cuenta, y se volvieron a caer, esta vez con tanta fuerza, que ambas se rompieron. Harry pensó que el viento las había tirado, pero cualquiera hubiera pensado que el espíritu de su amigo tenía algo que ver.

Tras la guerra, los médiums se incrementaron y el espiritismo recobró fuerza, ahora personajes importantes de la cultura y la política se habían convertido en creyentes, incluso el autor del famoso y cerebral investigador "Sherlock Holmes", Sir Arthur Connan Doyle defendía a los espiritistas a capa y espada. Houdini sentía desprecio por los charlatanes que se aprovechaban del dolor de las personas y les ofrecían entablar comunicación con sus seres queridos, así que comenzó a asistir a sesiones por lo menos dos veces al día para reunir información.

Al finalizar su gira por Inglaterra, había asistido a más de cien sesiones, y en todas, no pudo certificar que los médium no utilizaran simples trucos para lograr sus manifestaciones. En el mes de marzo, se lastimó un tobillo al presentar "La Cámara de la Tortura China", así que el médico le ordenó una semana de reposo, pensaba que era urgente publicar un libro acerca del fraude de los espiritistas, pero debía hacerlo alguien con la autoridad, y por supuesto, ese alguien era él.

La gira por Inglaterra fue la más exitosa de todas sus giras, su salario mínimo fue de 3,750 dólares por semana, además la suerte lo había acompañado, pero era hora de regresar a su país, en el barco, ya no sintió los malestares de costumbre, así que se puso a trabajar en su libro de cuerdas y nudos además del proyecto de espiritismo. En Norteamérica, John William Sargeant, quien había sido presidente de la S.A.M. se había encargado de clasificar toda su colección, pero esta era tan grande que fue necesario llamar a un bibliotecario profesional, así que llamaron a Alfred Becks, un inglés con amplia experiencia y lazos con el mundo del espectáculo, este hombre trabajaba por gusto, hasta las nueve de la noche todos los días. Houdini pensaba que en un año, su colección estaría en completo orden.

Para esos días, Harry había decidido abandonar el Vaudeville y dedicarse por completo a las películas, así que formó la compañía productora "Houdini Picture Corporation" de la cual era presidente. Diez días después de la constitución de la compañía, ya tenía listo el primer libreto, la película se llamaría *The Man From Beyond* (El Hombre del Más Allá), él mismo se encargó del revelado de los rollos de película, la edición y postproducción de la cinta. La compañía había estado minando su cuenta bancaria, sin embargo, el estreno de la película fue un éxito y ayudó a sanear las finanzas de la empresa.

Houdini recibió la visita de su amigo, Sir Arthur Connan Doyle, quien estaba en Nueva York para dar una conferencia sobre espiritismo, lo invitó a ver su película y después a cenar en casa, cuando le mostró su colección de libros sobre espiritismo, Doyle se extrañó de ver sólo los de aquellos autores que no creían, y así se lo hizo saber a su anfitrión, quien le solicitó una lista de las obras que él creía que valía la pena leer, además de que deseaba tener un piso completo dedicado a este tema.

Harry y su esposa asistieron a la conferencia de Doyle, en la cual, el renombrado autor mostró una fotografía tomada a un espíritu, el cual se había identificado como "Katie King", pero la imagen se veía como una mujer de carne y hueso, así que Harry comenzó a incomodarse en su asiento, no entendía cómo un hombre tan inteligente había caído en esos engaños. Si quiere saber más acerca de este tema y de "Katie King" le sugiero el libro "Espiritismo" de esta misma editorial.

Doyle fue invitado al banquete anual de la S.A.M. pero

le exigió a su anfitrión que nadie ridiculizara al espiritismo en su presencia, Harry aceptó. Allí, el autor de "Sherlock Holmes " fue testigo de la actuación de varios magos, entre ellos el formidable Max Malini, quien no es conocido fuera del círculo de magos, su especialidad era la magia de cerca, es decir, todo tipo de magia que se realiza a menos de un metro del espectador, su apariencia contrastaba con el resto de los magos importantes, era de baja estatura y manos cortas, y lo consideraban un oportunista, sin embargo, su legado ha llegado hasta los magos de nuestros días.

Doyle siguió con su gira de pláticas por el país, así que invitó a los Houdini a visitarlo en Atlantic City, allí prosiguieron las charlas entre ellos acerca del espiritismo. Harry quería convencerlo de que todo era un gran fraude y Doyle defendía su creencia, así que dejaron por la paz aquel tema, pero la esposa de este último le sugirió que invitara a Harry a una sesión de "escritura automática", la cual ella practicaba. Durante la sesión, la madre de Harry había hecho su aparición, en un papel, la mujer del escritor escribió rápidamente un mensaje para su hijo; pero el mensaje estaba en inglés y su madre apenas y lo podía hablar, además, por coincidencia, la sesión tuvo lugar el día del cumpleaños de su madre y el espíritu no lo había mencionado.

En su mensaje, aquel "espíritu" le había dicho a Harry que practicara la escritura automática en su casa, así que le preguntó a la señora Doyle cómo podría hacerlo, ella respondió que sólo tenía que poner la mente en blanco y tomar un lápiz, la mano se moverá sola y escribirá. Houdini hizo su primer intento en presencia de sus anfitriones, tomó un lápiz y escribió "Powell", un amigo de Sir Arthur había muerto recientemente, su nombre era Ellis Powell, Houdini había hecho contacto, era un médium según las palabras del afamado escritor.

Pero Harry tenía otra explicación, durante todo el fin de semana, había estado pensando en Frederick Eugene

Powell, un ilusionista norteamericano, su esposa estaba enferma y necesitaba una muchacha bonita para reemplazarla, además había estado en contacto con él por medio de cartas, pero Doyle no aceptó esta explicación, seguía pensando que Houdini tenía poderes y los trataba de ocultar. Dos días después, los Doyle regresaban a Inglaterra, Harry y su esposa fueron hasta el muelle a despedirlos, su amistad con el renombrado escritor seguía en pie, pero era inevitable que sus puntos de vista provocarían un choque entre ambos.

Harry intentó de muchas formas convencer a su amigo de que el espiritismo era un fraude, pero nada daba resultado, Doyle seguía creyendo que la comunicación con el más allá era posible y nada lo haría cambiar de opinión. Mientras tanto, la más reciente película de Harry seguía siendo un éxito de taquilla, las presentaciones personales se incrementaron al grado de hacer hasta 3 equipos para asistir a todas, los equipos estaban formados por magos y artistas que entretenían al público antes de cada función.

Harry había estado realizando sus apariciones aprovechando para hablar en contra del espiritismo, además había estado trabajando en un libro de magia con papel, el cual estaba dedicado a su amigo, el ya fallecido John William Sergeant, mientras que su editor trabajaba en el libro de espiritismo. Le habían ofrecido tres libretos para su siguiente película, pero se decidió por uno que él mismo había escrito *Haldane of the Secret Service* (Haldane del Servicio Secreto), sin embargo, la película fue un fracaso total, su costo había sido muy elevado y la recaudación no alcanzaba para recuperar lo invertido, así que su carrera como productor terminó abruptamente.

Sin embargo, después de una intensa campaña publicitaria, la película no sirvió de mucho, pero su popularidad estaba por los cielos, ahora sus salarios en los teatros se habían duplicado.

Fotografía de la película *Haldane of the Secret Service.*

Investigando espíritus

Los científicos de Norteamérica estaban ansiosos de demostrar que el espiritismo era un fraude, así que ofrecieron una recompensa de 2,500 dólares a quien pudiera demostrar, bajo condiciones predeterminadas y con la supervisión de un comité, que los espíritus existían. Houdini era parte de ese comité. Sus presentaciones continuaban pero prometió cancelarlas cuando se le informara acerca de una investigación.

Mientras tanto, realizaría una gira por todo el país, sus actos seguían siendo una gran atracción por donde se presentaba, sin embargo, su atención estaba dirigida a acabar con los espiritistas, o por lo menos, a comprobar si eran ciertas sus creencias o no. En Los Ángeles, California, le mostraron una extraña fotografía, en la que se veía el féretro abierto de la señora Mary Fairfield McVickers, una médium que acababa de fallecer, en la parte de arriba de su ataúd se veían varias formas misteriosas, al parecer, todas ellas tenían algún tipo de rostro. Nueve meses antes de morir, esta mujer predijo que si cuando falleciera, alguien tomaba una fotografía de su féretro a las cinco de la tarde, ella aparecería en su forma astral.

Esto parecía merecer una investigación, así que llevó a un fotógrafo hasta la iglesia donde se habían tomado las fotografías y tras un breve examen, descubrió que lo que parecían ser rostros, eran unas simples irregularidades en la superficie de la pared del fondo, las fotografías fueron tomadas y reveladas en presencia de Harry, pero una de las impresiones tenía una particularidad, aparecía, frente a una cortina negra, una extraña línea de luz; nadie había manipulado la cámara ni las placas, así que era imposible que fuera un truco, sin embargo, los rostros volvieron a aparecer, esta vez, Houdini estaba seguro, aquellas fantasmagóricas apariciones eran unas simples irregularidades en la pared.

Sir Arthur Connan Doyle había llegado a Nueva York para ofrecer una plática sobre espíritus, Harry le mostró las fotografías que había tomado en la iglesia y el resultado de su investigación; a Doyle le llamaba más la atención la línea que había aparecido en una de ellas, pero el escapista

Esta es la fotografía a la que Houdini no podía darle una respuesta satisfactoria, la línea se encuentra del lado izquierdo.

no tenía explicación alguna para este efecto. Sin embargo, la rivalidad entre los amigos se estaba definiendo, un periódico publicó una nota acerca de esto y Doyle aceptó que era verdad. Uno de los motivos de su discrepancia eran las fotografías de espíritus, pero Houdini conocía bien la técnica, así que produjo sus propias fotografías, en una de ellas se podía ver su propio espíritu y en otra se encontraba sentado con el fallecido Abraham Lincoln.

La excusa preferida por los médium era que la armonía en la habitación donde se llevaría a cabo una sesión era imprescindible, y la presencia de un solo detractor bloqueaba la energía síquica. Hubo un hombre que se atrevió a ofrecer dos sesiones ante el comité científico cuando Houdini no estaba presente, su nombre era George Valiantine, pero cuando llegó el momento de realizar una tercera prueba, este hombre no sabía que el escapista había regresado y había preparado la habitación para descubrir su engaño, y así lo hizo.

Había convertido su ocupación casual en un oficio de casi tiempo completo, ahora daría conferencias por todo el país para combatir la influencia de Sir Arthur Connan Doyle. Este no era un odio gratuito, cuando su madre murió, había asistido a múltiples sesiones tratando de encontrar una

Fotografía producida por el mismo Houdini en la que abraza a su espíritu, aun así, Sir Arthur Connan Doyle seguía siendo un fiel creyente del espiritismo.

respuesta verdadera a su dolor, pero todos lo habían tratado de engañar, así que estaba decidido a que no lo hicieran con nadie más. En 1924, se publicó su libro *A Magician among Spirits* (Un Mago entre Espíritus), el cual trajo severas reacciones de todos los creyentes y el final definitivo de su amistad con Doyle.

A pesar de que Harry le había demostrado por todos los medios a Doyle que los médiums eran un fraude, éste seguía empecinado en sus creencias, y además lo veía como una amenaza pues ridiculizaba lo que por años había estado luchando por demostrar, así que no podía haber amistad entre dos hombres que se enfrentaban en una batalla ideológica, ambos eran obstinados en busca de un ideal, así que sacrificarían todo por lograr llegar hasta él.

11

El final

El golpe mortal

Después de dedicar varios años a desenmascarar a los médiums, Houdini decidió realizar un espectáculo completo, un Show de revista encabezado por él. En cuanto los demás magos se enteraron, varios anunciaron su propio espectáculo, pero él tenía sus dudas ¿la gente lo aceptaría realizando un espectáculo completo, sin exigir sus escapes? Aun así organizó todo y el 14 de septiembre de 1925 se presentó en el Teatro Schubert Alvin de Pittsburg, en donde tuvo un éxito aceptable; a la mañana siguiente una carta llegó a un periódico, en ella, un lector preguntaba por qué no había asistido a una sesión en casa de un renombrado espiritista de la ciudad, a lo que Houdini respondió que había estado ocupado en el teatro desenmascarando a otro médium.

Había contestado esa carta sin darle mucha importancia al asunto, pero después de que muchos lectores del periódico leyeron su carta, la respuesta en taquilla fue duplicada, así que comenzó a realizar retos desde el escenario, ahora, todo aquel que quisiera demostrar sus poderes síquicos podía hacerlo en el teatro, frente a un público. Por supuesto que nunca lo pudieron comprobar, así se fue de gira por todo el país, repitiendo la carta en cada ciudad a la que llegaba, en todas y cada una de ellas, la respuesta del público fue la misma: un teatro abarrotado.

De esta manera sus dudas quedaban disipadas, la gente había llenado los teatros para verlo con un espectáculo completo. Aún seguía intercalando sus actuaciones con las investigaciones del comité. Pero nuevas complicaciones llegaban a su vida, Bess, el amor de su vida y quien lo había acompañado en toda su carrera estaba enferma, tenía náuseas y fiebre, por lo que Houdini trajo a un médico que le diagnosticó un envenenamiento con tomaína, le recetó descanso y cuidados continuos, así que Harry hizo venir de Nueva York a Sophie Rosneblatt, quien ya había cuidado a su esposa en el pasado. Una tarde, la temperatura de su esposa se elevó, él pasó la noche sin dormir.

Por la mañana, la fiebre cedió y él se pudo ir a Nueva York, donde tenía una cita con su abogado, pues muchos espiritistas lo habían demandado y era necesario buscar la forma de manejar la situación pues la suma total de las demandas sobrepasaba la cantidad de un millón de dólares. Además, los ataques de sus competidores seguían intentando acabar con su reputación. Entre actividades ese día, llamó a su esposa, le contestó la enfermera y le dijo que su condición seguía siendo la misma, pero que ella se podía quedar a cuidarla por la noche.

A la mañana siguiente tomó un tren a Albany, donde encontró a su esposa en el hotel un poco recuperada, pero aún no podía abandonar la cama. Durmió unas cuantas horas y se dirigió al teatro, esa noche abría su temporada y tenía que mostrarse entero, lo cual era difícil, pues tenía tres noches sin dormir. Sin embargo, el espectáculo tenía que seguir y durante la presentación de "La Cámara de la Tortura China", su tobillo izquierdo fue lastimado al levantarlo en el aire para introducirlo en el aparato, un grito hizo que no lo siguieran subiendo, un médico del público subió a revisarlo, el diagnóstico: un hueso roto. Sin embargo, se cambio de ropa y salió a seguir con el espectáculo, el público lo celebró ampliamente.

Una radiografía confirmó el diagnóstico del médico que lo había revisado en el teatro, así que al llegar al hotel, improvisó una férula que le permitió acabar con los compromisos de los siguientes días, tras los cuales continuó su gira y su cruzada contra los espiritistas. El día viernes 22 de octubre, Harry recibió a Samuel J. Smiley y a un amigo de éste, Jack Price, en el vestíbulo del Teatro Princess, todos fueron al camerino de Houdini, quien revisaba su correo cuando llegó otro amigo de los visitantes, se trataba de un hombre de complexión musculosa de nombre J. Gordon Whitehead. El recién llegado intentó entablar conversación con la gran estrella pero éste se encontraba sumergido en sus pensamientos y sus cartas.

Entonces le hizo una nueva pregunta, se decía que Houdini tenía el abdomen muy fuerte y podía soportar los más fuertes golpes sin inmutarse, y eso le preguntó a Harry, quien le contestó que era cierto, y levantó los brazos para que pudiera sentir sus músculos, y mientras se recostaba en un sillón y leía su correo, el joven le pidió que lo dejara darle unos golpes para comprobarlo. Harry asintió e inmediatamente, sin darle tiempo a prepararse, el joven le asestó tres golpes con todas sus fuerzas, el vapuleado mago hizo una señal de que había sido suficiente y los otros jóvenes detuvieron a Whitehead, quien parecía un loco.

Los jóvenes se marcharon casi al mediodía, Harry aprovechó la ocasión para revisar su abdomen, lo encontró inflamado y sensible al tacto, sin embargo, se presentó sin importar el dolor de su tobillo y su abdomen, había ocultado el dolor de manera estoica. A su regreso al hotel había organizado una pequeña fiesta para su esposa, cuando la reunión terminó, se fue a dormir, pero el dolor de su abdomen era tan intenso que no pudo conciliar el sueño. A la mañana siguiente, fue al teatro y allí le dictó a su secretaria dos cartas, una dirigida a su editor y la otra a Goldstone, las dos fueron breves.

La temporada en Montreal terminó el 23 de octubre, ahora se dirigía a Detroit, no había admitido ante su esposa sus dolores, pero al subir al tren no tuvo otra alternativa, le había enviado un telegrama a su equipo de avanzada en Detroit en el que les solicitaba que tuvieran listo a un médico a su llegada para que lo auscultara completamente. Pero el tren llegó tarde y en el Teatro no había ningún médico, además, el equipo había llegado tarde y Collins, su asistente, dudaba tener todo listo para la hora de la presentación, así que Harry se aprestó a auxiliar a sus hombres en la colocación del pesado equipo.

El doctor Leo Dretzka y el hombre de avanzada, entraron en el vestíbulo del Hotel Slater, pero no encontraron a nadie, así que telefonearon al teatro donde lo encontraron y hacia allá se dirigieron. La revisión se llevó a cabo en el camerino del escapista, se tendió en el suelo y el galeno procedió con su auscultación, al terminar, diagnosticó que Harry tenía una apendicitis aguda, pero Houdini no hizo caso y esa noche se preparó a presentarse, sabía que las largas filas que esperaban afuera lo querían ver y no los iba a decepcionar.

El espectáculo llevaba treinta minutos de retraso, el público estaba impaciente y se hacía sentir, y así, la música comenzó y Houdini salió con una gran sonrisa. La primera parte de su espectáculo se desarrolló sin contratiempos, cuando las cortinas se cerraron para el intermedio, Harry se quejó profundamente y cayó, fue llevado a su camerino y su temperatura se había elevado a 104 grados Fahrenheit, la transpiración era abundante. La segunda parte del espectáculo comenzó y el artista estaba haciendo un esfuerzo sobrehumano para soportar el dolor, pero por fin había terminado.

Al llegar al hotel, Harry se recostó y dijo que no haría nada de lo que el médico había dicho, pero Bess comenzó a ponerse histérica, así que accedió a que lo revisara el médico del hotel, el doctor Daniel E. Cohn, quien al revisarlo, telefoneó a un cirujano, el doctor Charles S. Kennedy, quien dijo que la condición de Houdini era crítica, y que éste se negaba a que lo intervinieran quirúrgicamente hasta que no hablara con su médico familiar el doctor Stone, quien se comunicó con los demás médicos y cuando Harry volvió a hablar con él, su semblante cambió, y aceptó ser atendido.

La operación había sido un éxito, el apéndice reventado fue removido, pero la infección había estado en su cuerpo por tres días, así que la presencia de un especialista, el mejor, fue requerida, se trataba del doctor George Lefevre, quien estaba en Montreal en una convención médica, pero llegaría por la noche. Theo, Nat y Gladis, los hermanos de Harry, llegaron de Nueva York esa tarde, y lo encontraron de buen humor y adulando a los médicos. Los periódicos recibían los constantes comunicados del hospital sobre el estado de Houdini, así que diariamente, las noticias sobre su salud recorrían todo el país.

La salud de Houdini empeoró, se le había declarado una peritonitis severa, por lo que se le practicó una segunda operación esa misma tarde y para el sábado, los médicos esperaban una crisis, su estado era peor de lo que habían esperado. El domingo por la mañana, Harry le dijo a su hermano que estaba cansado de pelear, que esta vez la muerte sí lo iba a atrapar. Un poco más tarde, Bess entró en la habitación y lo abrazó, Houdini abrió los ojos y vio las lágrimas de su esposa y se volvieron a cerrar. A la una y veintiséis minutos del día 31 de octubre de 1926, Harry Houdini, Rey de las esposas y estrella de cine, había fallecido.

El más allá

Harry y Bess habían acordado que si era verdad que los muertos se podían comunicar, él encontraría la manera, así que acordaron un complicado código, ella ofreció la suma de 10,000 dólares a quien pudiera presentar mensajes verídicos de su esposo. Las primeras declaraciones comenzaron a aparecer, en una de ellas, un espiritista afirmaba haber hecho contacto con la madre de Houdini, en el mensaje se refería a su hijo como "Harry", lo cual nunca hacía la verdadera Cecilia. En otro mensaje, que parecía ser verdad, el espíritu de la madre de Houdini había dicho una palabra "perdona", la cual tenía sentido, pues cuando la esposa de Nat, el hermano de Harry, abandonó a su marido para irse con otro de los hermanos, Leopold, el escapista se había escandalizado y juró no perdonar a su hermano. Cecilia se había marchado de este mundo antes de poder terminar

Fotografía de la tumba de Houdini antes de que fuera maltratada por un grupo de vándalos, en años recientes. El mago David Copperfield pagó la restauración de este lugar.

con aquella crisis familiar, esa era una de las razones por las que Harry había buscado la manera de comunicarse con ella.

Dos años después de la muerte de su esposo, Bess retiró la oferta de la recompensa pues le dijeron que la comunicación podría resultar sin el dinero de por medio. El hecho es que Harry nunca se comunicó con Bess, el hombre al que nada en la tierra podía mantener prisionero, no había podido escapar de la muerte, ahora descansaba al lado de su amada madre. Desde el día de su muerte, muchas agrupaciones mágicas alrededor del mundo celebran una sesión espiritista el mismo día de su muerte, mientras que otras, colocan un listón negro sobre la entrada de sus instalaciones.

Con la muerte de Houdini se terminaba de forjar la leyenda de uno de los hombres más famosos del mundo, un aventurero nato y un gran artista.

Impreso en Offset Libra

Francisco I. Madero 31

San Miguel Iztacalco,

México, D.F.